一筆啓上
−つれづれなる論叢−

鳥谷部平四郎　著

大学教育出版

序

　大学を 22 歳で卒業したのであるが、21 歳のとき、哲学を学ぶことを決心した。しかし大学に 2 年間残り哲学を準備し、25 歳のとき、大学院に入学し、哲学研究を始めました。博士課程を修了したときは 30 歳になっていました。25 歳で哲学を始め、現在 71 歳ですから、46 年経ちました。46 年真面目に哲学研究のみした訳ではないが、それなりのことはしてきました。大学では当初西洋哲学史を担当しましたが、他にもいろいろな科目を担当しました。平成元年から 22 年の 3 月まで、22 年間勤務しました。今回纏めたものは 46 年間考え続けた成果です。主にカント哲学への反論であり、ひいては観念論への批判であり、自分の哲学を展開させたつもりです。

　学問は 19 世紀以後、特に 20 世紀になってから一段と分化され、深化されている。ある学問に関わる者が、他の学問を批判することは許されない、いや不文律である。なぜなら他の学問の内容を理解することは容易ではないからである。著者の考察は的はずれなところもあるかもしれない。もちろんその責任は著者の未熟さにあります。

　目次をみれば、理解されることですが、本書は体系的に論じたものではありません。思いつくままに題をきめ、考察し論じたものです。読者は最初から読んでもよいし、目次をみてから読んでもよい。読者の自由です。順序は 4 年の間に書いた順になっています。皆様には少しでも気を引いていただければ幸いです。

2017 年 8 月

著者

―筆啓上―つれづれなる論叢―

目　次

iv

序………………………………………………………………………………… *1*

第　一　論考　認識能力は複数か　*1*

第　二　論考　理念（Idee）　*5*

第　三　論考　心　*9*

第　四　論考　自由　*12*

第　五　論考　平等　*15*

第　六　論考　自発性　*17*

第　七　論考　神　*21*

第　八　論考　客観的普遍的概念の成立根拠としての物質　*23*

第　九　論考　信じる　*28*

第　十　論考　認識能力の限界　*31*

第　十一　論考　目的　*33*

第　十二　論考　統覚（Apperzeption）　*35*

第　十三　論考　反物質——ある非侵襲的考察——　*37*

第　十四　論考　リズム（rhythm）　*41*

第　十五　論考　原子論　*44*

第　十六　論考　自然　*47*

第　十七　論考　愛する　*49*

第　十八　論考　生と死　*51*

第　十九　論考　進化　*55*

第　二十　論考　作像　*58*

第二十一論考　考える　*61*

第二十二論考　天才　*64*

第二十三論考　人権　*68*

第二十四論考　幻覚・幻聴　*71*

第二十五論考　STAP（stimulus-triggered acquisition of pluripotency＝
刺激惹起性多能性獲得）細胞　*74*

第二十六論考　脳　*76*

目　次　v

第二十七論考　　自然界の相互作用　*78*

第二十八論考　　あるべき経済　*82*

第二十九論考　　経験　*85*

第 三十 論考　　区別と差別　*88*

第三十一論考　　自己意識（Selbstbewusstsein）　*91*

第三十二論考　　生と死　Ⅱ　*96*

第三十三論考　　一対一対応（one to one correspondence）　*98*

第三十四論考　　分析的認識と綜合的認識　*101*

第三十五論考　　反時代的考察　*103*

第三十六論考　　der kategorische Imperativ　*106*

第三十七論考　　STAP 細胞　Ⅱ　*108*

第三十八論考　　死　*110*

第三十九論考　　偶然と必然　*112*

第 四十 論考　　must（müssen）と should（sollen）　*114*

第四十一論考　　ゼノンのパラドックス　*116*

第四十二論考　　情（知・情・意の中の）　*119*

第四十三論考　　徳治主義　*122*

第四十四論考　　拝金主義　*125*

第四十五論考　　純粋　*128*

第四十六論考　　直観の形式　*131*

第四十七論考　　天と地　自然（神）　*134*

第四十八論考　　格差　*137*

第四十九論考　　エポケー（epokhe）　*140*

第 五十 論考　　親孝行　*142*

第五十一論考　　偶像　*145*

第五十二論考　　平等と人権　*148*

第五十三論考　　共同体の崩壊　*151*

第五十四論考　　一神教　*154*

第五十五論考　　全体と部分　*156*

第五十六論考　　性　　*159*

第五十七論考　　女性の社会参加　　*162*

第五十八論考　　徳　　*165*

第五十九論考　　知性か、それとも感情か　　*167*

第 六十 論考　　神のことは神に任せよう　　*170*

第六十一論考　　ギリシア人　　*173*

第六十二論考　　フランク族の遺産相続を巡っての分裂　　*178*

第六十三論考　　徳目　　*182*

第六十四論考　　徳と理念　　*184*

第六十五論考　　物質　　*186*

第六十六論考　　一元論（Monismus）と二元論（Dualismus）　　*188*

第六十七論考　　戦争なき平和　　*191*

第六十八論考　　普遍　　*193*

第六十九論考　　政治形態　　*196*

第 七十 論考　　知を愛する　　*199*

第七十一論考　　形而上学　　*202*

第七十二論考　　ゼノンの弓矢とカントの神　　*205*

第七十三論考　　平和　　*208*

あとがき ……………………………………………………………………… *212*

一筆啓上 ― つれづれなる論叢 ―

第一論考　　認識能力は複数か

　ユークリッド（Εὐκλείδης）が幾何学を創り上げたとき、われわれ人間の認識能力のことを考えたのであろうか。われわれ人間の認識能力を理性（νοῦς）、悟性（διάλογος）、感性（αἰσθησις）と分類したのはプラトン（Πλάτων）であった。プラトンの哲学は二元論の世界であったゆえに、認識能力をいくつかに分類しなければならなかったことは予想がつく。ヒポクラテス（Ἱπποκράτης）は脳の重要性を説いているが、局在論、また機能局在論のことは思いつかなかったと思われる。局在論のはしりは骨相学（phrenology）の創始者のガル（Gall）であろう。しかしカント（Kant）はガルよりも約 100 年前の人であった。したがって、カントは認識能力の局在を考えていたかどうかは不明であるが、認識能力を分類したことは著作からも明らかである。理性・悟性・判断力を上級の認識能力としたことは有名であるが、根拠があったのではなく、後から、つまり脳の働きの結果から、認識能力を上級とか下級とかに分類したものと思われる。カント哲学の最大の欠陥は認識能力の成立過程を考察していないということであろう。例えば、理性は広い意味では哲学的考察はすべて理性という術語で可能となるが、狭義の意味での理性は悟性と感性とに対応する意味で使用している。また実践理性というとき道徳との関係で使用しているが、道徳には理論がないというわけではない。したがって理念は統制的であるといわれるが、ある時点までは構成的であるか、統制的であるか一般には判断がつかない場合がある。構成的理念と統制的理念はカントが言うほど明快なものではない。例えば、正義とか、義務である。カントのいう自由は経験論者のいう自由とあまりにも違いすぎる。このことからも理解できることであるが、カントは認識能力の一つひとつを詳細に吟味していないことがわれわれを混乱させる。

　悟性の表象作用つまり構想力の表象作用にどのような違いがあるだろうか。カントは表象作用が何を表象したかに基づいて認識能力の違いを言っている

と思われる。カントは表象作用が表象できないものを認識不可能とする、例えば、物自体（神、霊魂、自由、統覚など）が挙げられる。しかし他方で、認識されないが要請されるという。われわれ人間が表象（認識）されないものを要請するとはいかなることか。

カントが不可知論者といわれる理由は感性と悟性の一致、つまり経験が成り立つことは認識が成り立つということであり、物自体（神、霊魂、自由、統覚など）は経験できないから、つまり感覚内容とならないから認識は成り立たない。これがカントの不可知論である。しかし確信や信念を持つことができる。つまり例えば、神を確実に信仰していて、それに服従することができる余地があるとする。カントがいうように、感性と悟性の一致によって認識が成立するということはない。対象と受容体の間には複雑な関係があり、現在の研究では必ずしも明らかになっていない。味覚は視覚・嗅覚・触覚を伴って、味覚として働き、視覚は聴覚・嗅覚などを伴って働く。また言語はブローカ（Broca）野とヴェルニケ（Wernike）野とが角回を経て矢の形をした弓状束を介して相互に連絡を、かつ運動野と連絡し、複雑に絡み合って成り立っている。単一の部分だけで脳の働きは成り立っているのではなく、むしろいくつかの部分が連合野を作って機能していると言った方がよい。脳はブロードマン（Brodmann）が地図化したほど厳密に境界線が引かれているわけではなく、曖昧である。回（gyrus）と溝（sulcus）は確かに存在するが、それだけで区分けされているわけではない。一次聴覚野と二次聴覚野は同じ回にあり、隣り合わせになっている。視覚は24か所以上の部分が働いて機能しているといわれている。このようなことから脳は連合野を作って働いているのである。

カントに言わせると感覚内容と悟性の形式とで認識は成り立つというが、感覚の受容体は単独に働くのではなく、シナプスは複雑な働きをし、前 → 後、後 → 前というような相互作用をしたり、放出した物質を元のシナプスが吸収したりするのである。この意味で現象（感覚内容）を理解するということは難しい。われわれ人間は自分が作り上げた表象と後から入ってきた表象とを合致させて認識しているのであるが、表象と表象の間には超えがたき溝がある。われわれ人間は「おおまかに」「～のごとく」という形で認識しているにすぎな

い。だからといって、悲観する必要はない。自然とは曖昧なものである。デカルト（Descartes）の如く人間はいい加減なものだから、神の世界は完全であると要請する必要は全くない。

よく言われることだが、カントは感覚の価値を下げた。脳の研究が一段と注目されるようになって、感覚の価値は上がりだした。脳と感覚を切り離すことはできない。われわれ人間は技術を磨けば磨くだけ感覚は鋭敏化（sensitization）され、脳もまた鋭敏化されることがわかってきた（例えば、リハビリ治療を考えてもらいたい）。

以上のことから、認識能力は二分されることが理解される。1つは表象する能力ともう1つは感受する能力である。脳神経（cranial nerve）はすべてではないが、重要な働きをする。脳神経は12本あり、対になり働く。番号がつけられているので、それに従うと次のようになる。嗅神経、視神経、動眼神経、滑車神経、三叉神経、外転神経、顔面神経、内耳神経、舌咽神経、迷走神経、副神経、舌下神経。表象作用となんら関係のないと思われる脳神経は7つある。それは嗅神経、顔面神経、内耳神経、舌咽神経、迷走神経、副神経、舌下神経である。他の5つの神経は何らかの形で表象作用に関わっていると思われる。しかし5つの脳神経だけで対象が表象されるわけではない。表象されるにはもっと多くの部位が参加し、複雑な過程を経て成立するのである。ここでは深入りしない。というよりむしろ筆者の今の力では深入りできない。

ハイデッガー（Heidegger）がカント解釈を構想力だけで解釈した。ハイデッガーはカントのいう理性・悟性・感性という区別を放棄し、表象能力をすべて構想力に収斂した。したがって、認識の根拠はすべて構想力にあるとした。ハイデッガーは脳神経による認識、脊髄による認識についてはまったく触れていない。脳神経は内感による認識であり、例えば、内臓の痛みなどを感じ取る認識である。五感、すなわち嗅覚・視覚・味覚・聴覚・触覚と呼ばれる受容体を持った感覚がある。これらの五感は脳と結びついているか、または脳の一部とされる。嗅覚は最も古くから働いた感覚であり、視床に関係せず直接に前頭葉（frontal lobe）の皮質（cortex）と関係を有する感覚である。視覚は、前にも述べたことであるが、脳の中心にある視床（thalamus）と後頭

葉（occipital lobe）にある視覚野など、そのほか20か所以上との関係を有して作用している。味覚はもちろん舌と皮質と関係を有し、聴覚は皮質の側頭葉（temporal lobe）にある聴覚野と関係を有し、触覚は脊髄（spinal cord）を、さらには脳幹（brain stem）を介して、視床を経て、頭頂葉（parietal lobe）の中心溝（central sulcus）の後にある皮質の感覚野と関係を有して認識は成り立っている。外感による認識であっても、脳と係わり合いをもって、成り立っている。

　以上のように、大きく分類すれば、認識は、表象、内感、外感という3つの仕方で成り立つのである。脳は連合野（association area）という形で機能することが多いため、具体的に認識能力の数をいうことができないが、脳のニューロンの数は約1,000億個あるといわれている。グリア細胞はその10倍あるとされている。このような状況で、受容体の数を明らかにすることは無理である。また構想力はエネルギー分子をどれだけ必要とするのか筆者には判らないが、しかしいずれ明らかになると思う（第十論考を参照）。

平成25年6月3日

第二論考　　理念（Idee）

　カント哲学の最大の特徴は、ある種の理念は認識されない（不可知論）が、要請（Postulat）されるとしたことであろう。そのカントにいわせると、2種類の理念があるという。1つは、構成的（konstitutiv）理念であり、もう1つは統制的（regulative）理念と呼ばれるものである。

　現在、ある1人のドイツ人が元大統領であっても、イタリアを旅行することは別に特別なことではない。しかし巨匠といわれたゲーテ（Goethe）（1749～1832）がイタリア旅行（1786～88）したときは事情が異なっていた。ゲルマン族とは異なる人々は特にドイツ人に対して、一種の憎しみを込めて批判する。なぜかといえば、神聖ローマ帝国（ドイツ系ゲルマン人によって確立された帝国であった。7人［3人は聖職者、4人は諸公］の選帝公によって選ばれた国王が帝国の皇帝となった）はナポレオンによって解体されるまでドイツ（正確には、現在のウィーンにあったハープスブルク Habsburg 家）がヨーロッパ（特に、全土ではないが、イタリアの諸都市国家はマリア・テレジア Maria Theresia の被支配地となった。当時イタリアは統一国家ではなかった。統一国家になったのは1861年である）を支配していたし、今のドイツの首相メルケル（Merkel）政権はここでまたフランスを取り込んで、ヨーロッパを支配しようとしていると思われているからだ。筆者は現在のドイツ政府は神聖ローマ帝国を夢見ているとは思わないが、上述のような批判はあることは確かである。ゲーテがイタリア旅行をした目的の1つは原植物を求めてであったといわれている。イタリアにストロマトライトのような原植物があったかどうかはわからないが、ゲーテの求めた植物は「理念」といわれるのである。ゲーテは進化論をどの程度理解していたかはわからないが、確かに進化の系列を考えるならば、地球上に最初に自生した植物、いやある種の原の形、たとえば小麦、チューリップ（中央アジア原産）、たばこ、トマト、ジャガイモ（中南

米原産）、砂糖（エジプト原産）などはどんなものであったであろうかと疑問があっても不思議ではない。ゲーテはイタリアにどんな原植物を求めたかは筆者にはわからないが、頭の中に何かを想像したことは確かであろう。ゲーテは『種の起源』を書いたダーウィン（Darwin）（1809 ～ 82）と同時代の人であり、そのダーウィンが何を求めてガラパゴス島へと航海したかわからないが、もし何かを頭に描いていたとすれば、それを理念といい、その理念を構成的（または感性的）理念というのである。

　もう 1 つの理念、つまり統制的理念の例を挙げよう。「統制的」という日本語は普通に使う言葉ではない。もっと易しい言葉で言うならば、「規制」「規定」「拘束」「束縛」「規範」という言葉を想像してほしい。

　プラトン（B. C. 424 ～ 347）が『国家』論の中で「正義とはなにか」ということを詳細に考察している。いや定義づけをしようとしている。結論をいうならば、定義づけに失敗している。現象界では正義は相対的である。つまり戦争で人を殺すことは正義であるが、平和時に人を殺すことは犯罪である。しかし正義それ自体、美それ自体というのは現象界には存在しない。したがって、プラトンは 2 元論者であるといわれる。つまり、この現象界には存在しないが、われわれの判断基準として、正義そのもの、美そのものが存在するに違いない。現実にわれわれは「○は正義である」「○は美しい」と判断しているから、「そのもの」とか、「それ自体」とかは存在するに違いないと思うのである。しかし実際は「思う」のであって、厳密にいえば、われわれは「要請」しているのである。カントにいわせると、われわれは理念を要請し、理念の総体として「神」を要請し、いろいろな理念の統制を受け、最後には神の統制を受けるのである。

　カントが生まれたのは 1724 年で、ドイツを戦場として行われた三十年戦争が終了したのが、1648 年であった。三十年戦争はドイツ人にとって余りにも惨めな宗教戦争であった。戦争が終わり、カントが生まれるまで 100 年経っていないのである。カントの書いた『宗教論』を読むと気づくことであるが、彼の「理性」対する信頼は筆舌しがたいものがある。カントの死後（1804）の世界をみるならば、世界はいかに惨めなものであったかは理解される。認識

されないが、要請されるといった理念に何か問題があるのではないだろうか。カントは理性で宗教を論じている。カントによれば、理性こそ人類に共通する普遍的認識能力である。理性で作り上げたもの、つまり『第二批判』における「定言的命法」とそこから導きだされる「範式」を考えれば、理性の普遍性は考えられる。しかし、理性は感性から全く独立した認識能力であることは、現在の脳の研究成果からみれば、まったく不可能である。カントが行った認識能力の分類は認識能力の働いた結果から類推した分類である。おそらくカントのいう理性は前脳の一部の働きであって、前脳全体ではない。なぜならば前脳は喜怒哀楽の原因の場であり、脳は一般に連合野を作って働くのであるからである。このことから考えるならば、カントのいう感性的表象も知的表象も想像力による表象（ハイデッガーの言葉でいうならば、構想力による表象）であることは確かである。

　構成的理念はわれわれに探求の余地を残してくれるが、統制的理念は探求不可能である。しかし日常の生活においてわれわれを統制する。例えば、「時間とは何か」とか「空間とは何か」という問いを解決しなくても（カントによれば、時間と空間は直観の形式である）、われわれは時間を任意に決定することによって、逆にわれわれは自分の行為を統制できる。日常われわれは時間によっていかに統制されているかを考え見ると容易に理解できる。「自由とは何か」「平等とは何か」というような問いは、経験をいくら重ねても解決されるような問いではないことは理解される。

　ある対象を認識できないが、要請するということはどういうことであろうか。「どうして知らないものを要請できるのか」という反論が生じるのは当然である。知らないものを要請できるはずがない。だとすれば、要請するということは、われわれはなんらかの方法で、その対象を知っているということである。外的に経験（認識）されないが、内面的に経験しているから対象が要請されるのである。カントのいう神も、霊魂も、自由も要請されるというのであれば、われわれは知っているのである。ただしカントによれば、それは認識（経験）ではない。それではカントの言う認識とは何かということが問題になる。

　われわれの五感は大まかである。1つの感覚で理解しているつもりでも他の

8 一筆啓上　つれづれなる論叢

感覚の支援を受けて対象を理解している。例えば、味覚は嗅覚、視覚の助けを受けているし、視覚は聴覚、嗅覚、味覚、触覚の助けを借りている。われわれは1つの感覚で対象を認識しているのではなく、2つ以上の感覚で感受することが多い。また嗅覚を除いて他の感覚は視床を中継して大脳皮質に至って認識しているのである。体内の知覚も同じであるということができる。体内の知覚には確かに関連痛ということがあるが、これは間接的に内臓の痛みを体外から知るということもある。いずれにしても感覚的知覚は曖昧で不正確である。しかし知覚の対象は存在しないということはない。例えば、視覚は錯覚を伴うが、障害がない限り、対象を認識できるのである。

　カントによれば、純粋（経験とは関係のない）理性認識は記憶されていないものを展開し、発展させるというが、はたしてそれが可能かどうかは疑問である。展開と発展とをさせると同時に記憶するということは脳にとって可能である。約1,000億のニューロンが1秒間にどの位の数の情報交換できるか筆者は理解できないが、かなりの数であることは確かである。しかしその情報交換は常に正確であるとはいえないのである。カントのいうカテゴリーは主観的には形式であるといえるが、分子や量子の次元でみるならば、はたしてそのような言い分が通用するかどうか判らない。内容が形式、形式が内容になるということがあるかもしれない。いずれにしてもわれわれの視覚の下での認識と分子や原子との下での認識は異なるに違いない（第二十四、六十八論考を参照）。

平成 25 年 6 月 5 日

第三論考　　心

「心とは何か」という問題は、古くから多くの日本人の関心を惹いてきたし、今なお惹いている。一般の人々、つまり作家・宗教家などや多くの学問、「心理学」「哲学」「文学」「宗教学」、近年では特に「医学」における研究者の関心を惹き付けた。このような学問に携わる人々は、多くの成果を公にしている。しかしこれこそ普遍的解決といわれるものはない。あるとすれば、「こころはコロコロかわる」という事ぐらいであろうか。しかしこれでは答えにならない。筆者としては哲学的答えを出したい。

われわれは「心」とは何であるかよく知っている。またどこにあるかをよく知っている。しかし一歩踏みとどまって考えると、われわれは途惑うであろう。知っていたつもりが、実は何にも理解していなかったことに気づくのである。アウグスチヌス（Augustinus）によれば、われわれは「時間」という概念に直面したときにも同じようなことが生じるという。

日本語の精神、霊魂、心はギリシア語の ψυκῆ であり、ラテン文字にすると psyche、英語の psycho である。ギリシアにおいてもこのピシュケーの方が脳よりも早く注目された。脳の働きとその価値に気づいたのはヒポクラテスであった。ヒポクラテスはソクラテスより 20 年後の紀元前 379 年に亡くなっている。彼は西洋医学の創始者といわれている。その理由は医学に対する彼の姿勢と理念（ここでは省略する。簡単にいえば、ナイチンゲール Nactigall とほぼ同じである）の中にある。

しかしギリシアの世界ではヒポクラテス以後も脳は注目されなかった。現在では脳の働きと在所は明確に理解されているが、「心」に関しては必ずしも明確ではない。心の働きに関しては、十人十色であるが、在所に関しては頭か胸が挙げられてきた。心という言葉は色々な仕方で表現される。「あの人には心

10 一筆啓上 つれづれなる論叢

がある」「心がない」「心にひびく」「心が通じる」などと表現されるが、固定した定義はない。心という言葉で感情の一部、またときには、個人の全体を包摂する言葉として用いるのである。日本人は感情を大事する国民であるといわれるが、おそらくこれは聖徳太子以来中国文化の影響であろう。日本人は中国文化のおかげで日本文化を作り上げたといっても過言ではないだろう。中国人は心をヨーロッパ人と同じように定義づけをすることはなかった。これは心ばかりではなく、他のことにも当てはまる。中国には哲学がなかったといわれる理由はここにある。われわれ日本人も西周（日本で最初に哲学用語作った。詳細には省略する）以前は定義づけるという作業はしていない。つまり哲学的に分析する慣習はなかったのである。

心という術語は、時間とか空間という語と同じように定義づけはされていないが、よく使用される術語である。われわれ日本人は、心という術語を時には感情の一部として、ときには人格の総体を表現する理念として使用する。例えば、「あの人には心がない」という表現には相手の人格を、いや存在そのものをも否定しようとするときがある。筆者は『理念』について（第二論考　参照）という論文で、カントは理念を構成的理念と統制的理念の２つに分けたと述べた。心はどちらの意味を表す理念であろうか。心は現象界には存在しないが、心の働きの結果（例えば、心臓の動機）は存在するように思われる。しかしよく考察すれば、心が現象界に存在しなければ、結果も存在するはずはない。そうであるとすれば、心ではなく、脳の働きとすれば、どうであろうか。脳は存在する、脳の働きの結果も存在する。われわれが心の働きだと思っているものはすべて脳の働きの結果である。心はときには脳の働きの一部を代理し、ときには脳の働きのすべてを代理する。いやわれわれが代理させているのである。

プラトンの視座を表す言葉として「肉体は魂の墓場である」という言葉がある。肉体と魂は別のものであるという考え方を二元論という。肉体は消滅するが、魂は不死である。もちろん、魂が肉体とともに滅びるならば、二元論とはいわない。二元論では肉体が現象界にあり、魂は現象界にはない。現象を超えたところにある。「魂が神の下に行く」とか「成仏する」という言葉は二元論からの表現である。魂または霊魂はどこにいるのであろうか。どこにもいな

い。脳の働きのみに依存する。脳が魂を、霊魂を、精神を、神を作り出すのである。人はその産物を借用し、利用し、考え出したものが働いているかのように表現する。いや表現させるのである。「神は〇〇といった」「霊魂は人間を支配する」というような言葉にそれをみることができる。

　アウグスチヌスから例を挙げたが、アウグスチヌスの時間論は哲学史上有名である。アウグスチヌスがいうように時間の理解は難しい。理解するとすれば、どのような形（直線、曲線、円、螺旋）でもよいが、線としか表象されない。カントは「直観の形式である」とする。しかし主観の形式と客観の内容が、われわれの頭の中では理解されるが、主観と客観の区別が消滅する分子や原子の世界まで適用できるかどうかは不明である。運動を理解するためには運動を線として表象する以外には理解する方法はない。しかし線として表象すれば、運動そのものではないことになる。つまり運動を理解することは袋小路に陥るのである。

　結論を言うならば、日本人は心という術語で感情を意味させることが多い。しかし特に、他人を批判するときは、全人格の意味を含めて使用することがある。この使用は不確定である。いや不確定な意味でしか心という術語を使用するしかないのである。心という術語にわれわれはそのときの状態で別の意味を含ませる。したがって、まったく主観的な産物である。心という術語に客観的普遍性を求めることは不可能である。ただ確かであることは、心とは脳の働きの結果であり、われわれはその心にいろいろな意味を包摂させて使用しているのである。

平成 25 年 6 月 7 日

第四論考　　自　　由

　新人類が発祥してから 20 万年経つといわれる。その人類が優越感また劣等感を持つようになったのには様々な理由があったからであろうし、またいつから始まったかは理解しようがない。旧人類には、また他の生き物には優越感や劣等感はなかったであろうか

　ギリシアでは常に戦争があり、そのような状況を「常態」であると言ったようである。周知のように、そのような状況を脱するために、真偽はわからないが、紀元前 8（766 年）世紀にオリンピック大会が開かれたといわれる。そのギリシアでホメロス（"Ομηρos）が活躍したのが紀元前 8 世紀であったと言われている。ホメロスの作品の内容がいつごろの話かは不明である。ローマは伝説では紀元前 8 世紀に建国されたといわれるが、歴史的には紀元前 600 年頃であったと言われている。紀元前 8 世紀のギリシアやローマには奴隷がいた。奴隷狩りも戦争の原因であった。おそらくシュメール（メソポタミアは南北にアッシリアとバビロニアとに二分され、さらにバビロニアくの北はアッカドといわれ、南はシュメールといわれる）でもエジプトでも、また後にペルシア湾の南からやってきたユダヤ人の歴史書からも奴隷がいたことがわかる。現在のわれわれが考えられないような常態であったと思われる。戦争が常態であったとすれば、不平等は当然のことであり、主人と奴隷という関係は普通のことであったであろう。つまり財力や優れた能力を持った人は劣った者に食事を与えるとか、面倒をみるということは普通のことであったであろう。その過程で主従関係が生成し、能力の優れた者が劣る者を奴隷にするという慣習が確立したものと思う。

　歴史上、古代に奴隷が蜂起した戦争としては、ギリシア人の奴隷狩りの場であったトラキア（エーゲ海の北側にあり、スラブ系の人々が住んでいた）出身のスパルタクス（Spartacus）の反乱は有名である。中世になってからの戦

争はほとんど宗教戦争である。これはキリスト教にもイスラム教にも当てはまる。最初は解釈をめぐっての戦争であったが、後に宗派の戦争となり、拡大して国の戦争となった。経済が原因となって戦争が起こったのは近代になってからのことである。現代になってからは個人の自由の問題は政治的に解釈され、「多くは戦争に参加するか、しないか」ということで自由は問題になることがある。しかし個人の自由は無視されるのが常である。

　自由は個人の問題なのか。また自由は集団的政治的問題なのか。あるいは肉体はどんなに束縛されても、自由は存在するという内面の問題なのか。その答えとして、自由は人間に課せられた問題として、古くから考察されてきた。しかし万人に妥当する自由概念はない。つまり普通の生活においては、相手次第で自由の中身を変えなければならない。なぜならば、自由は平等と矛盾対立するからである。その意味で現象界にあっては自由の概念の確定は無理である。ここで自由を内面からのみ考察したカントの理論に簡単に触れてみよう。

　カントのいう自由は、他の（人、物、すなわち現象する森羅万象）の制約を受けない、自立（Autonomie）で作る（カントでは「立法する」という）命令（カントの専門家は「命法」という）を定言的命法という。この命法は、自発性の作用（Aktus der Spontaneität）に、いや統覚（Apperzeption）に基づく自由によるものであるとする。カントによれば、統覚は範疇が適用されないため認識の対象とはならない。われわれには不可知なのである。蛇足であるが、現象界に存在するものによって、制約を受けた場合は他律（Heautonomie）と呼ばれる。ここでその定言的命法を紹介しよう。

　　　君は（君の）格律が同時に普遍的法則となることを望むことができるような格律にしたがってのみ行為しなさい（詳しくは第三十六論考を参照）。

　この命法を読むとモーセの「十戒」（『出エジプト記』）を想起するのは筆者だけであろうか。明らかにカントは「十戒」を意識したのであろう。はたしていかなる語をも記憶していない人が上述のような命法を立法できるであろうか。このようなところがカントは認識過程を無視したといわれる所以であろう。それはともかくとして、カントのいう自由とは内面の自由であり、意志の

自由である。個人としては内面の自由は道徳的には大切であるが、集団、あるいは政治となると内面の自由は身勝手な自由となる。カント以後の歴史的現実を見るならば、どのように弁護しようとも、カントのいう自由は軽んじられた。カントの『永久平和論』にみられるような世界（簡単に言えば、兵隊と武器のない世界）は理念としてばかりではなく、現実に実現されることを期待することにしよう。

　自由が内面的にのみ考察されるならば、砂浜で戯れる子供のようなものである。自由は状況に応じて、ときには外面的に、またときには内面的に解釈されなければならない。自由は理論的なものではなく、実践的（カントのいう意味においてではなく）でなければならない。内面的自由よりも外見的自由が重要視されないと、自由と平和は直接的に結びつくかどうかは判らないが、平和な世界はない。つまり内面的自由は独りよがりに陥る可能性がある（第六論考を参照）。

平成 25 年 6 月 10 日

第五論考　平　　　等

　宗教において、「神の前で人は皆平等である」いわれる。また日本国憲法で
は、基本的人権ということで日本人は皆平等であるといわれる。しかし、現象
界では平等と自由は対立し、矛盾するものであるから、現象界では平等はな
い。この意味で「平等」という概念、いや理念はわれわれを統制（拘束）する
理念であって、統制的理念と呼ばれる。

　プラトンのいうところによれば、動物は自由を契機として人間と対等であ
ると思うものであるという。しかし人間は、あらゆる面において平等であると
思っていない。ホメロスにおいては、神は人間の世に降臨して人間と戯れると
いうことはあるが、人間が神と戯れるということは聴いたことが無い。人間は
100 人いれば 100 人の縦の序列ができる。その理由は数え上げることができる
だけの数があることは容易に理解できる。結局、現象界には平等はない。そこ
で人間は賢くも、意欲は本人まかせの「機会均等」という逃げ口上の術語を思
いついた（このことを最もよく表現するものは「努力さえすれば何とかなる」
という言葉である）。この術語は現象界（不平等）を肯定しつつ、平等という
統制理念を垣間見ることは、日常生活を送るためには非常に有用な術語であ
る。

　もちろん、この理念は、時間などと同じくわれわれ人間の言葉として作り上
げたものである。その言葉としての平等を理念として使用する。日常生活にお
いて、平等を意識し、平等ではないことを知り、嫉妬、妬みに襲われる。それ
がまた人間を急き立て、嫉妬、妬みを大きくするか、または意気消沈させ、い
じけさせる。平等は自由と同じく、この術語はわれわれが作り上げたものであ
るが、われわれに現象界を超えさせ、世界を想像させ、そこからわれわれを統
制させるのである。われわれ人間は仲介者の指示を得て、われわれ自身を統制
するのである。その最も良い例は神であろう。この意見には当然ことであるが

16 一筆啓上 つれづれなる論叢

反論はあろう。反論する前に神を筆者に見せてもらいたい。人間の姿をした神ではないことを祈る。もちろん、肉体が消滅するが、霊魂は不滅であるという主張は世界のいたるところにある。肉体が消滅した後、霊魂は「神の下に行く」とか「成仏する」と言われても事態はかわらない。現象界を分子や原子の次元で見るならば、肉体は消滅することはなく、ただ分解し、分散するだけである。

　平等という理念はわれわれを一方で鼓舞するが、他方では意気消沈させるという重要な働きをしている。しかし理念は理念以上のものではないため、われわれは自分で自分を統制しなければならない。難問に突き当たったときは理念を横目で見ながら、理念に合致するかどうかを吟味しながら、その問題に対応しなければならない。それがわれわれの脳の限界であろう。それが生きるということではないだろうか（第二十三、五十二論考を参照）。

平成 25 年 6 月 12 日

第六論考　自　発　性

　自発性（Spontaneität）とは何か。もちろん、他者（人間に限定する必要は
ない）によって強制されることはなく、自ら働き出すことである。しかし突
き詰めて考えてみれば、現象界にあっては、他者の存在しない世界は存在しな
いのであるから、自己自身を契機として働き出すことはない（われわれは自己
を他者化する。したがって他者化した自己は元の自己を他者化するのである）。
必ず他者があって、自己自身があるのである。このような脳の働きは脳の多様
な部分の働きであると言うことができる。脳は常に連合野を作って働くという
ことがわかっていれば難しいことではない。

　プラトンのいうデミウルゴスが被創造者を創造するときはイデアがあった。
アリストテレスのいう不動の動者にはエイドスがあった。エホバがアダムを創
造したときには、地があった（シュメールには、最下位の神の血を土に雑ぜて
人間を作ったという神話があった）。ゲーテは光の前に言葉があったといった。
人間という被創造物が動き出したときにはすでに、被創造物を構成した物質が
あった。より簡単にいえば、人間の眼に映るためには、眼を構成する物質が
あった。経験する前には、経験を可能ならしめる物質があったのである。この
ように観てくるならば、自発性は想定されるだけではなく、われわれが存在を
意識する前には、自発性が存在したことは確かであろう。ただし、それは実体
ではなく、何かあるものの属性として存在したであろう。というのは自発性は
作用であるから、その作用を可能ならしめるものは実体であり、その実体は必
ず存在するはずである。

　われわれ人類には「信じる」という傾向性がある。これは「愛」と同じもの
であるかもしれない。人類は自己を超えるものを、例えば自然の力を神の成せ
る業として、神の作用を信じ、その源を神として信仰してきた。今でも多くの
人々は信じている。つまり物質は、生物の次元で見るならば、生きた作用をわ

れわれに示すことがないので、その背後に作用を可能ならしめる「何か」が存在するはずであると信じてきたのである。特に、そのようなことを体で感じた人は「体験」という術語で言い伝えてきた。このようなことは宗教的感情として後世に言い伝えられ、宗教的側面ばかりではなく、日常生活においても、未曾有の不幸が生じたときは「後世に言い伝えなければならない」とよく言われることである。物質と反物質との関係は、天体物理学においては物質の重さを可能ならしめるものを「反物質」という。反物質は理解し難いが、物質の運動を一時停止するものと考えればよい。つまり「ある物体は1㎏の重さである」ということを可能ならしめるものである。よく考えれば、その物体も動いているのではないか（微視的視点からすれば、静止している物体は存在しない）。計量が可能であるときは、反物質が働いているのである。その場合でも反物質も物質である。（筆者は反物質を斥力と考えている。引力と斥力はある実体の作用であるが、その作用を構成するものも物体である。その物体は異なる場にあるのではなく、同じ場に並列し、状況に応じて引力として働き、また別のときには斥力として働くのである。したがって、引力と斥力とは名目は別のものではあるが、われわれが観測しているときどちらかの一方が働いていて他方が顕現していないとみるべきである。それを筆者はヒッグスであると理解している。もう少し考察が必要である）。

　物質には自発性はないのであろうか。物質の原子核における陽子と電子の関係は親和力によって決まり、アミノ酸は、ペプチドまたポリペプチドという結合体をつくるのはそれぞれの親和力によって決まるといってよい。もちろん、親和力が働くと言っても、環境によって事情が異なってくる。Ａという物質は常温ではＢという物質と結合するが、温度が上がることによって、ＡはＣという物質と結合するとか、ＡはＤという物質と、より早く結合するようになるというような現象が生じる。以上のことから結論できることは、傾向性による自発的結合は状況によって異なる結果になるということである。

　現象（自然）界においては、他者があって自己自発性が顕現するのであるが、常に相対的である。カントの言葉でいえば、「他律」的自発性である。カントでは他律的自由は選択的自由であって、超越論的自由（transzendentale

Freiheit）とはいかなる制約もない自立的自由なのである。このような自由は神の自由なのかどうかは、おそらく神も理解できないであろう。カントは空想を描きすぎたのでないだろうか。カントはモーセの「十戒」を無条件に信じたのであろうか。真偽のほどは問わないことにする。カントのいう自由はカント自身がいうように形而上学の対象としての自由である。カントによれば、われわれが考えるとき、経験的なものを素材に考えれば、純粋ではないという。純粋なものとは経験的なものを含まないという。カントは脳と脳の機能に関してはまったくの素人である。カントは脳には関心はまったくなかったのであろう。カントの時代までには脳の研究はかなり進んでいた。

　話を戻そう。カントによれば、われわれはこの自由に基づいて道徳法則を立法するという。しかし空想された自由から、普遍的客観的理性が普遍的道徳法則を成り立たせるという。哲学史的には、カントは理性に対して絶対的信頼を置いているが、理性を信じなかった哲学者は沢山いた。カントは宗教を理性で論じきれると本当に思ったのであろうか。カントの『宗教論』は「理性の限界内で」となっているが、それではカントのいう理性外の宗教とはどんな宗教なのか。われわれにはまったくわからない。カントの母親のことを考えるならば、カントの母親のいう宗教は理性外の宗教ではなかったのではないか。宗教はどんな宗教であろうが、理性外の宗教である。

　道徳は宗教と無条件に一体のものであるとは言えないが、道徳が宗教を背後のものとすることによって一段と強固となる。宗教抜きの道徳を語ることは道徳の内容を無視することになるだろう。カントの道徳論も同じで『宗教論』抜きで道徳論を語ることはできない。表面的には『第二批判』を『宗教論』抜きで語れないことはないが、しかし語ることができたとしても内容がない。いや、むしろ裏付けがない。ただ形式的に議論されるだけである。エホバの神を信じない人にはよいが、キリスト教徒にとってはただの空論であろう。

　われわれ人間の自由とは、カントが要請するような自由ではなく、なんらかの制約があって、この制約を越えて意思を伝えるのが自由なのではないだろうか。道徳法則は自由に基づかなければならない必然性があるだろうか。宗教に対する傾向性はすべての人にあるかもしれないが、宗教はキリスト教でなけれ

ばならない必然性はない。確かにカントのいう宗教はキリスト教であるとはいわないが、高度な宗教であるという。彼はキリスト教徒の匂いをプンプンさせている。「権利問題」という術語にもその匂いが感じられる。自由は自発性の根拠であるということはない。自発性は自由の根拠である。自発性はある実体の属性である。その属性が自由に働くという。属性として自発性が自由に働くという。自由は実体であるがごとくわれわれを錯覚に陥れる。自発性は作用であって、属性であり、実体ではない。カントの自由はわれわれに実体であるような錯覚を引き起こさせる。というのはカントが自由を神また霊魂と同列に置くからである。それは無理である。例えば哲学史的に「神は自由である」とか「霊魂は自由である」という表現はあるが、「自由は神である」「自由は霊魂である」という表現はないのである。自由を神と同列に扱うのがカントの独自性であるが、自由という術語をあまりにも高めすぎている。別な言い方をすれば、自由を叡智化し、身体の意義を低下し、その価値を矮小化しているのではないだろうか。

　カントでは自発性即自由ということにはならないが、現象界では自発性はたとえ他者によって制約されても、自由であるというべきであろう。現象界を超えたところに自由が存在するとしても、それがわれわれの理性を統制する理念であると言っても、現実の肉体は現象界にあり、そして道徳法則を立法するのであるから、身体を包摂する道徳法則は可能であろうか。確かに知性を包摂できるが、われわれは知性だけで生きているのではない。つまり感情は理念によって統制されないのである。宗教を巡る歴史を顧みれば、このことは容易に理解される。

　自発性は他者との関係でその本質を顕現させる。自発性の作用こそ自由である。自由とは制約されての自由であり、カントは経験論者にとって自由は「躓きの石」であるというが、躓くから自由がある。自由は相対性を顕現させる術語である。カントは無制約こそ自由であるとするが、われわれ人間は、ただ空想するだけの存在者であるというならば、カントの言うとおりであろうが、われわれは餌を食う存在者である。餌を食うために四苦八苦しているのが現状であろう。自由とは、たとえ自発的であっても、迷いであり、迷うからこそ自由である（第四論考を参照）。

平成 25 年 6 月 16 日

第七論考　　神

「神が死んだ」とニーチェ（Nietzsche）が叫んだ。しかしそれは戯言であった。神は生きている。人間が人間になったときから神は存在した。「神は全知全能である」「神は人間の生死を越えている」「神は1時間前にローマにいた。いまニューヨクにいる。1時間後にはフランスにいるだろう」。つまり信者は神について思いつくままに表現できる。ユダヤ教、キリスト教、イスラム教はもともと同じ宗教であり、キリスト教とイスラム教はユダヤ教から派生した宗教である。「神」に代わるものとして、日本人によく知られているが「天」である。中国の経典に「天網恢恢、疎而不漏（失）」とある。この言葉はいま中国人に受け入れられるだろうか。今の中国はあまりにも「徳知主義（人間中心主義)」になり、法治主義を忘れているとよくいわれるのである。以上のように、神を信仰する立場に対して、反対する者も好きなように反論できる。

　キリスト教においては、解釈の違いが表面化すると、具合が悪いので、宗教会議を開催し、異端者と判定された人々を排斥した。宗教改革を惹起した人々はほとんど異端者とされた人々であった。思いつくままに名前を挙げてみよう。フス（Hus）、ルター（Luther）、カルヴァン（Calvin）、ツヴィグリ（Zwingli）、ヘンリー（Henry）8世など挙げられる。21世紀になっても解釈の違いによって、自己主張する人々は出て来ると思う。キリスト教においては解釈の違いからある宗派から独立する人々が今までのように迫害されることは無いと思う。しかし、イスラム教を信仰する人々の間での解釈の違いによる戦争のニュースを聴けば、どのような結果を齎すかは想像がつく。

　神を信仰することは筆舌し難いほどの利益を齎すものと思うが、第三者の立場から見れば、信仰することの弊害もまた大きいように思われる。神の問題は人間の存在に関わる問題と同じである。つまり人間の存在を問うならば、当然神が問われなければならないということである。神の問題は、カントのいう

「権利問題」ではなく、体感とか実感という「事実問題」である。さらには神秘主義が前面に出て来るのである。カントのように「認識できないから形而上学の問題である」と言い切ることができないのである。なぜならば、信仰する人にとって「神は現存している」からである（第四十七、五十四、六十論考を参照）。

平成 25 年 6 月 20 日

第八論考　　客観的普遍的概念の成立根拠としての物質

　かつてパスカル（Pascal）が「人間は考える葦である」といった。しかし脳の次元でみるならば、「考える」ことはもちろん、他の五感、つまり「嗅ぐ」「見る」「触れる」「聞く」「味わう」ことは脳の働きを背景にしている。いやむしろ脳の一部を構成している。思惟また五感さえも持たない微生物であっても生きるために餌を求めて移動する。ブロードマンやフルーラン（Flourens）やペンフィールド（Penfield）も脳が機能を分担しているという事実を自覚していたので、脳の機能局在論を提起することができたであろう。脳は生命体にとってほんの一部を占めるにすぎないが、その働きはヒポクラテスの時代から知られているように、その生命体を支配する。脳が使用するエネルギーの量は全体の３割であるといわれている。感覚は外部からのもの、内部（内臓）からのものと分類されるが、多くの哲学者が分類したように、「経験的なもの」「純粋なもの」という区別は存在しない。つまり脳に記憶されていないものは想起されないのである。もちろん記憶されているものを論理的に展開させ、発展させるということはある。

　たとえばユークリッド幾何学の「二点間を結ぶ直線は最短距離である」という命題を展開させれば、正三角形も表象できるようになる。また「直線は180度である」ということが成り立つのである。脳においても「無」からはいかなるものでも発展や展開はできないのである。知的経験であっても、「純粋である」といわれるものであっても、脳内への蓄積物が必要なのである。脳は無から創造できるようなことを言った哲学者がかつてはいたが、脳の創造物は現象物ではなく、「現象物のごとく思われるもの」にすぎないのであるから、「無」から如何なる物も創造されない。現在の人間はアミンやアミノ酸程度までは創造するが、蛋白質までには至っていない。これは如何なる意味においても「無」からの創造ではない。

24 一筆啓上 つれづれなる論叢

人間の歴史を振りかえって見れば、理解されることであるが、人間は神を忘れたことはない。ギリシアの一部の哲学者は神を否定したことはあるが、神はいまなお人間を支配し続けている。人間と神は如何なる力をもってしても断ち切ることはできなかったし、これからも断ち切ることはできないであろう。別な言い方をすれば、人類の歴史は一方では神への服従であり、他方では神との戦いであった。この服従と戦いはこれからも続くであろう。人間は神から脱却するためには本性としての「信じる」（神に限定する必要はない。信じるという性癖のことをいう）ことを放棄しなければ無理かもしれない。人間は信じることを放棄すれば人間でなくなる。人間である限り、「信じる」という性癖を持ち、社会生活を営んでいる。歴史的には何事も信じないという、アナーキズムというものがあった。しかしその主義を主張するアナーキストの心底には「信じる」という性癖を読み取ることができる。結論として次のように言うことができる。「信じることは人間を人間たらしめている」のではないだろうか。

古代において哲学の方向転回を与えたのはソクラテスであった。つまり自然哲学から道徳哲学への転回であった。しかしそのソクラテスには内在する神、つまりダイモニアがいた。また外在する神、つまりアポロンの神がいた。アポロンの神はソクラテスにとって外在する存在根拠であったし、自分を客観化するときの根拠であった。ユダヤ教、キリスト教、イスラム教からも神を取り除くことはできない。中国の孔子の思想からも、また孟子からも、デウス・エクスマキーナ（「機械じかけの神」）を想像させるが、天（神）は孔子にとっても、孟子にとっても自分を客観化するためには欠くことのできないものであった。さらに荘子についていうならば、天はプロチノス（Plotinos）の「一者」に対応し、森羅万象の存在根拠であった。これらの思想は単なる主観主義ではないことを主張するために客観を必要とし、その最後の拠り所を神や天に求めたのである。人間は客観化することが自己を普遍化することだと考えたに違いない。

ホメロスでは人間と神は入り乱れた。『創世記』では神は超越していた。いずれも人間は神を介して客観化しようともがいた姿を表現している。近現代に至って、人類は客観主義を断念した。このことは多くの学問の領域にみられ

た。しかしながら、現実は不十分であった。つまり宗教は人間の本性である「信じる」という性癖を捕らえ放さないのである。いやむしろ人間は進んで神の僕となっているのが現実である。カントは理性で宗教と戦ったが無残であった。その結果はヘーゲル（Hegel）でも無理であった。マルクス（Marx）は金でこの問題を克服しようとしたが、「信じる」という人間の性癖を歪めてしまった。スターリン（Stalin）は人間を忘れた。人類は主観主義に陥ってしまった。地球を外から眺めるならば、人間は主観しか持たない生き物である。しかし宇宙空間に広がる物質と人間を構成する物質が同じものなら客観化できる。主観主義から客観主義へと移行しなければならない必然は存在しないが、移行することによって、私個人から脱却し、人類という主観から脱却し、いままでの神とは違う存在根拠を有することができると信じる。

　生まれてすぐ洗礼させることに反対した人々がいる。この人々は再洗礼派といわれる人々である。この人々は意識下での洗礼をしたのである。つまり意識下での信仰を主張したのである。筆者は意識下での信仰・不信仰を問題にしているのではない。筆者の言う「信じる」は本能的性癖として単一細胞の生き物にもみられるような食欲や性欲といったものと同列の意味での「信じる」ということを想定している。筆者は「信じる」ことを経験的に修正できる傾向性という意味でいっているのではない。人間の社会性の成立根拠として「信じる」ということが存在していることいっているのである。

　人間は孤立した存在者であるか。また他の人間と共存する存在者であるかといわれるならば、一般には両者であるといわれるだろう。意識上では孤立していても、現実には共存し、共存していると意識すれば、孤立していると自覚するだろう。この意味で人間は矛盾した存在者であり、2つの側面を持った存在者であることが自覚される。脳の次元でいえば、脳幹にある網様体の働きで、あるいは青斑核、縫線核、中脳被蓋などの働きで意識と無意識が成り立ち、孤立した存在者であると同時に共存する存在者であることを、ある意味で他者を憧れとして自覚するのである。

　生命体は個として生まれ、共存するものとして養育される（人間は歩くまで1年かかるので、1年早産であるという説がある）。この関係は意識されない

が「信じる」ことが前提となって成り立っている。「信じる」ことはまさに知・情・意を、意識や無意識を超え、人間の、いや生き物の、あるいはカスケード系列を惹起する構成物質の1つとして働く物質の親和力として存在する。自然淘汰とは「natural selection」のことであり、選択の結果である。現実の自然界では闘争（物質間の相互作用）の結果であるが、選択する次元では良いと思われる方が選択されるが、結果としては悪い（次世代が自然によりよく適合することを善とする）方が選ばれる可能性がある。あえて物理学的にいうならば、物質対反物質として存在するのである。つまり社会性という視座からみて人間を人間たらしめるものは「信じる」ということである（人という字は2人のヒトが助け合うことからできているという俗説はあるが、これはまったく誤解であるといわれている。正しくは人の姿の象形であるといわれている）。

　カントは理性に未来を託した。ヘーゲルは歴史に未来を託した。しかしいずれもキリスト教を忘れることができなかった。この意味では両者は種という次元でみるならば、主観主義である。人間の「信じる」という本性が、人間に宗教を要請させるのであるが、いままでの宗教は、神を要請させ、神の僕となることを要請する宗教であった。宗教では人間を救えないことは人類の歴史を振り返れば、理解できよう。地球の外から人間をみるならば、普遍の根拠は何にあるかは明らかであろう。

　地球内の個を構成する物質と地球外の個を構成する物質は同じものである。地球内外の個を構成する物質は、割合を異にすることによって、例えば生命体か非生命体かの違いが生じる。1つの細胞から成り立つ生命体もあれば、人間のように60兆の細胞から成り立つ生命体もある。しかし生命体を構成する物質に違いがあるわけではない。分子・原子・素粒子の世界を裸眼で見ることはできない。それゆえ、素人が口を出すことはできない。専門家以外に分子・原子・素粒子の世界を論ずることはできない。

　しかしミトコンドリア、ピルビン酸、アデノシン三リン酸（ATP）、クレブス（Krebus、別称.トリカルボン酸）回路などを考察すれば、非侵襲的方法であっても、分子エネルギー界、つまり量子に近づくことができる。また脳の研究成果に近づくことによって、物質界の客観的普遍性が理解される。この物質

界は、神による上意下達による世界ではなく、諸々の物質の相互作用による世界であり、不完全な世界ではあるが、現象の世界であるがゆえ、信用にたる世界である。客観的普遍的概念の中身は森羅万象が流れるパンタ・レイ（$\pi\alpha\nu\tau\alpha$ $\rho\varepsilon\iota$）の世界なのである（第十三、十五、六十五論考を参照）。

平成 25 年 6 月 22 日

第九論考　信　じ　る

　哲学史上、人間は知・情・意によって構成され、その本性を顕現していると
いわれる。これら３つの部分はそれぞれ独立しているか、連合しているかは速
断できない。われわれ人間の行為の現象はすべて脳の働きの結果である。その
脳を３つの部分に適合するように分割することができる。知は大脳皮質に、情
は帯状界から基底核の部分に、意は脳幹（延髄）の部分に適合させることがで
きる。

　「信じる」という作用は、情動（emotion）の１つとして分類されるのが普
通である。情動は感情（affection）の基になるもので、愛情、憎悪、嫌悪、喜
悦、羞恥心、羨望、罪悪感、恐怖、不安などが属するといわれている。これら
が働き、外へ顕現することによって感情が発出されたということになるが、外
へ発出しない限り他人はまったく気づかないものである。この点では、知も意
もまったく同じものであり、人間、いや動物に本性的に属するものであり、誕
生後付加的に加わったものではない。脳は約 1,000 億個のニューロンと１兆個
のグリア細胞から成り立つ実体（吟味が必要である）であり、知・情・意は脳
の属性であるということができる。脳の進化は下から上へと進んだといわれて
いる。これは脳の発達段階を考察すれば、理解されることであるから、特に取
り立てていうことではない。

　脳の働きは、単独に働くこともあるが、ほとんどは連合野を作って働くの
である。視覚を使うとか、複雑な運動をするときはこのことを考えると気づく
ことであろう。情動の部分となるとさらに複雑になる。帯状界から下の部分は
視床下部、視床背側、視床腹側、視床周辺部、下垂体などを中心にして複雑に
相互作用していることは分かっているが、100％理解されているわけではない。
ただいえることはそれぞれの部分が、それぞれの状況に応じて連合野を形成し
て働いていることは理解されている。

このような状況の中で「信じる」という作用を考察することは難しい。人間は自分を「他者」とすることができ、その他者から自分を考察することができる。自己を他者化することで社会に同化することもできるし、また反社会化することもできることの現れである。社会といえば、限定することになるが、「他者と同一化する」ことであるとすれば、様々な他者と同一化し、自己から抜け出すことができ、自己を一段と高めることもでき、下げることもできる。まさに人間の自由がここにある。

人間の「1年早産説」のように人間は誕生後1年して歩くことができるようになるが、他の動物と同列になるわけではない。他の動物と同等になるためには10年位早産かもしれない。つまり、人間が生みの親を絶対に「信じる」という前提がなければ、育つことはできないのである。人間だけではないが、親は子のためには絶対服従なのである。託卵された親鳥のことを考えれば、容易に理解されることである。「信じる」ということにはいろいろなことが考えられるが、一義的には無条件に行われる情動がなければ、他人の敬意を受けることはない。「信じる」ことは意識とか無意識を超えたところで行われる行為でなければならない（孟子の性善説が想起されるが、ここでは触れない）。つまり、対象に関係なく、傾向性としての作用であって、報酬を求めるような作用であってはならない（この意味では「愛」にも通じる）。情動の部分は他の動物にとっても、人間にとっても生きていくには欠かすことのできない部分である。生き物が進化の過程で獲得した構成要素である。

「信じる」ことは情動の1つである「愛」に通じる。「信じる」ことがなければ、「愛する」こともない。「愛する」ことがあれば、「信じる」ことが生じるが、「愛する」ことと「信じる」ことは同じものではない。情動に属する憎悪、嫌悪、喜悦、羞恥心、羨望、罪悪感、恐怖、不安などと違うが、視床と関連する他の部分との相互作用によって決定する。もちろん、働く部分はそれぞれ違うのである。情動といわれるものは皮質や脳幹（延髄）とは一見したところ何の関係も無いように思われるが、喜怒哀楽の場は前頭葉にあるといわれるから、情動を可能ならしめる部分と関連しているはずである。このことは前頭葉の切除（ロボトミー）によって裏付けられている。

30　一筆啓上　つれづれなる論叢

　「信じる」ことは「愛する」ことに裏づけされていないならば、条件つきの「信じる」ことと同じものとなってしまう。「愛する」ことが無報酬であることが最上の「愛」の条件であるように、「信じる」こともまた無報酬であることが良い。いずれにせよ情動の結果には普遍性を求めることはできない。「信じる」ことも「愛する」ことも対象（他者）があって始めて顕現するのである。この意味で「信じる」ことも「愛する」ことも経験的であり、対象があって初めて顕現するのである。したがって結果からみれば、純粋に「信じる」こともなければ、「愛する」こともない。両者はともに別の情動、意図の入り込む余地を持っている。したがって、「信じる」ことにも「愛する」ことにも純粋性を求めることはできないが、社会生活を営むためには欠くことができない情動である。「信頼」も「信仰」も「信じる」ことから派生したものである。人間が弱さを克服するために信頼も信仰も必要とするが、人間はどこまでいっても「これでよい」ということはない。弱さを克服するために、神を信じ、平和を求めて争いを起こすことが常であった。これからも同じことを繰り返すと予想されるが、人間の性かもしれない（第十七、四十二論考を参照）。

平成 25 年 6 月 24 日

第十論考　　認識能力の限界

　宇宙には星雲と呼ばれるものが沢山ある。われわれの太陽系は銀河星雲を構成する1つである。銀河星雲には約1億個の恒星（太陽）が存在するといわれる。この恒星から光がわれわれの眼に届き観測される。銀河星雲とは違う、はるか遠い星雲からは、われわれが生まれる前にある星が爆発した際の光が、または発せられた光が、観測されるという。現在われわれが観測する星は光だけであり、光を発した元の星が消失している星もあるという。これは唖然とする話であるが事実である。つまりわれわれは元の物体、つまり恒星が現存しないにもかかわらず、現存するがごとく認識するのである。われわれはこれを真実と見ているとするのであろうか。次の例に移るとしよう。

　ニュートンがプリズムを通して光は7色で構成されるとした。われわれには、虹は7色にみえる。しかしわれわれの眼、つまり視細胞には受容体として3色、赤・青・緑の視物質しかない。われわれは3色を混ぜ合わせることによって多彩な色を認識するのである。より詳しくいうならば、われわれの視細胞には、杆体（rod photoreceptor）と錐体（cone photoreceptor）とがあり、明るいところでは主に錐体が働き、暗いところでは杆体が働く。色を識別するのが錐体である。夜に色を識別することは、もちろんできないということではないが、昼に比べると劣る。以上、視覚に関してまとめると、視覚は意外と曖昧である。したがって、われわれは前に記憶された色と現在目前にしている色との比較が必要であって、比較することによって確認しているのである。赤色だけでも300色に分けられるといわれている。この場合もまた確定することは難しい。それでは視覚から離れて、表象として理解する場合はどうであろうか。

　古くから有名な話がある。「ゼノン（Ζήνων）のパラドックス」である。2つ例を挙げよう。弓矢の話と亀とアキレウスとの競争の話である

　弓を射ると矢は的に届かないという話である。的までの距離を表象し、そ

の線分を無限に2分割し続ければ、論理を優先させることになり、矢は的に届かないという話である。他愛もない話であるが、現実には矢は的に届くのである。要点は矢が飛ぶ距離を線として表象したことである。表象された線を分けることは、運動を分けることではない。運動を分割することはできない。運動には始まりと終わりしかない。さらに分子の次元で見るならば、あるのは分子の運動だけで始まりも終わりもない。

　亀とアキレウスの話であるが、これも運動を線として表象したことである。亀とアキレウスとでは、走る速さとか、歩幅を無視し、論理だけを展開したため、アキレウスは亀に追いつくことができないのである。運動を線として表象して理解しなければ、理解できないのである。しかし運動を線として理解すれば、運動そのものを理解したことにはならない。これは矛盾であるが、われわれ人間の認識の限界である。われわれが作る主体としての表象物と客体としての対象との間には超えることができない溝がある。

　一般に「抽象的」といわれるものは表象されない。正義とか、義務などは表象されない。しかし神とか、天使などは抽象的ではあるが、偶像化され表象される。神は人間の姿をしており、天子もまた羽があるといっても人間の姿をしている。仏像に関しては言うまでもない。偶像と偶像画はある一部の人々が表象したものを普遍化しようとしたものである。確かにわれわれが表象したものを理解することは忘却しない限り確実である。正三角形とか正方形とかは確実である。しかしこのようなものは自然界には存在しない。頭の中では表象された像は「具体的」とか「抽象的」ということはなく、すべて「具体的」なのである。だからこそ意識下での知恵、知識、覚知といったものが必要である。人間の判断を狂わせるものがわれわれの周りには氾濫している。孔子は啓発を説き、ソクラテスは啓蒙を説いた。われわれは「そのもの」、例えば、善そのもの、正義そのものといったものを定義づけることができない。われわれの認識は意識されようが、無意識であろうが、容易に倒錯する。倒錯または錯覚はわれわれ人間の本質かもしれない。それゆえに、われわれは脳と感覚の限界を知りつつ、対象を認識することが重要である（第一論考を参照）。

平成25年7月8日

第十一論考　目　　的

　歴史を考察するとき2つの視点がある。1つは悲観的に、歴史を過去から金の時代、銀の時代、銅の時代、そして今は鉄の時代であるとする。この見方は歴史が悪い時代に向かって進むという視点である。もう1つは、楽観的に、鉄の時代、銅の時代、銀の時代、金の時代へと、より良い時代に向かうという見方である。前者の見方には、人間に対する不信感があるために未来にも目的を持つことはできない。他方後者は今後の世界に期待することができる。それゆえ目的を持つことができる。

　哲学史上最初に目的を言葉にしたのはアリストテレス（Ἀριστοτέλης）であろう。彼によれば、この世に「不動の動者」（自分からは動かず他者を動かす）というものがいて、この世の万物を、質量から形相へと上昇させるものがいる。質量から形相への上昇は憧れの達成である。形相は次の形相のため、質量となる。この質量は次の形相を求めて上昇するのである。最後には純粋形相といわれる不動の動者を求めて上昇するのである。アリストテレスはこのように世界における万物を説明するが、納得のできることではない。アリストテレスの時代なら、不動の動者を神と解釈することは、なんら不思議なことではなかったであろう。

　しかし現代において上述のように述べることはできない。よく宗教を持たない人は信用することができないといわれるが、これはまったくの偏見である。宗教上の解釈の違いがいかに悲惨なものあったか筆舌しがたい。カントはアリストテレスを経験論者として嫌う傾向が感じられるが、アリストテリスは一元論者であるが、カントはプラトンと同じく二元論者であった。アリストテレスの場合は、経験の領域から帰納的に超越界に繋がるが、カントでは超えがたき溝があるのである。つまりアリストテレスの目的体系論がある点で現象界から超越界へと飛躍するが、カントでは飛躍できない。現象界における目的論なら

34 一筆啓上 つれづれなる論叢

ば、何ら問題がないのであるが、現象を超えて目的論を適用しようとすること
は僭越である。アリストテレスには、体系だけが気になったにちがいない。

目的論ということであれば、カントは有名である。『判断力批判』の2部で
目的論を主題としている。詳しく触れることはしないが、筆者が感じたことを
掻い摘んで短く述べることにしよう。目的論は論であるゆえに主観的である。
「創造説」によれば、神が自然を包摂し、自然が人間を包摂する。つまりアダ
ムは地上にあった土から作られた。ギリシアの神話では、大地（ゲー）の創造
のことが、人間の創造の前に触れられてあるが、『聖書』で土のこと触れてい
ない。つまりアダムの前に自然（土）が作られてあったのである。したがって
アダムは自然に包摂されてあったのである。しかしキリスト教では人間は最高
の被創造者であり、神の目的を達成する責任を託されたのである。しかし非ユ
ダヤ教徒や非キリスト教徒は自然に包摂されているといっても、自然から神の
目的を達成されるように託されているわけではない。神が自然を介して神の目
的を達成するように人間に託したとカントはいうが、筆者のような人間は疑問
を抱くのである。しかし頭の中では、人は皆幸せであるという世界を夢見るこ
とは可能である。筆者は1946年に生まれて、60年世界を見てきたが、神の目
的に適うようなことをしたと言うことができることは1つもない。

自然淘汰（national selection）と目的論（teleology）は対立する概念であ
るとされるが、現象の目的は必ず果たされなければならないという必然は自然
界に存在しない。自然淘汰の実質は戦いである。自然淘汰に目的があっても、
特に現象を超えたものであったならば、その目的は達成される訳でもない。目
的が100%実現されなければならないとすれば、自然淘汰と目的論は対立する
が、自然淘汰の一部でも実現すればよいとすれば、自然淘汰と目的論は対立す
るものではない。いずれにせよ現象の世界は一面的に決定することはできない
のである。

平成25年7月9日

第十二論考　　統覚（Apperzeption）

　カントが『純粋理性批判』の中で書き直した箇所がある。それが演繹論（Dedukution）である。演繹論は『純粋理性批判』の中では最も重要なところである。この箇所は今日の著作では比較ができるように、例えば、PhB 判ではページを上下に分け、上には第一版、下には第二版という形で載せられてある。量としては第一版と、第二版とは大差がない。内容としても、大差があるとは思わない。主題は先験（超越論）的対象 X（transzendentaler Gegenstand X カント哲学の研究者の間では「超越論的」という訳語が使用されることが多い。筆者は認識に関わるときは「先験的」という訳語を使用する）、別称として超越論的自我（transzendentales Ich）、あるいは統覚と呼ばれるものである。その機能は「自発性の作用（Aktus der Apontaneität）」を可能ならしめるものであり、それがいかなるものによっても制約されないとき、自立（Autonomie）と呼ばれるのである。制約を受けたときは、他律（Heautonomie）という。統覚は範疇と直観の制約を受けることが無いため、認識はされず、ただ要請の対象であるとされる。

　単細胞体であれ、多細胞体であれ、ミトコンドリアが細胞に寄生して以来、細胞のエネルギーは、ピルビン酸（三大栄養素で構成されたもの）をクレブス（別称、トリカルボン酸）回路と言われる過程で、アデノシン３リン酸からアデノシン２リン酸にするのに使用するときに作り出される。単細胞体であっても栄養（餌さ）を求めて動き出すのである。ここで結論を出す前に、イオンの親和性について述べて自発性の理解を助けよう。

　例えば、塩化ナトリウム（塩）はナトリウムイオンと塩化物イオン（クロライドイオン）と１つの結合物を構成している。ナトリウムイオンも塩化物イオンも水の方に親水性を持っている。両者に水が加わると、いままでの結合を解消し、新しく水と結合する。つまり Nacl という構造を解体するのである。も

36 一筆啓上 つれづれなる論叢

ちろん今まで結合は物質の結合であり、親水性を介して新しい物質が生成した。この親水性の作用とはなんであろうか。親水力は自発的である。単細胞であろうが、多細胞であろうが、生命体には自発性があることはイオンの考察からも理解できる。この原則は他の生命体にも妥当する。単細胞の生命体から多細胞の人間にも同じ原則が働く。この世界では特に神の予定を想定する必要はない。イオンの親水力はすべて自発性の根源であるということができる。大きな飛躍であるが人間にも適用できる。

ある一部の仏教で、森羅万象に仏性があるという。筆者は森羅万象が同じ物質で構成されていると主張したい。霊魂は物質ではないと主張する人は数えることができないほど存在したし、今もいる。将来においても出現するであろう。そのような人々の言い分は、霊魂は肉体に束縛されず、われわれの理解を超えていると言うであろう。また有機体と非有機体は異なるというであろう。しかし分子や原子あるいはイオンの視座で見るならば、霊魂（これは心や精神と同じく、われわれが考え出した術語である）も有機物も非有機物も同じ次元で物質なのである。人間も他の生命体も構成する物質は同じである。ただ違うとすれば、構成する物質の割合が異なるだけであろう。

　人間とイルカを構成する物質は同じく、
　イルカとイカを構成する物質は同じく、
　イカとヒトデを構成する物質は同じく、
　ヒトデとカイを構成する物質は同じく、
　カイのカラと非有機体を構成する物質は同じあるということができる。

つまり有機体が非有機体を作り出すのであり、非有機体が有機体を作り出すのである。有機体と非有機体の違いがないのである。

このように視座からすれば、統覚は経験を超えているという根拠はない。自発性の作用は認識されないということは、われわれの物質性を無視したことになる。カントの主張は結局のところ古典哲学の残像である（第三十一論考を参照）。

平成 25 年 7 月 15 日

第十三論考　　反物質 ── ある非侵襲的考察 ──

　ニュートリノが反物質といわれている。筆者は物理学者ではない。論理的にのみに反物質（ヒッグス）を考察してみたい。賛同してもらいたいのであるが、無理であろう。思慮がたりない。勝手な独りよがりである。それだけに一読をお願い致したい。

　反物質（antimatter）の問題を解決するには下記の問いに答える必要があるものと思われる。その問いを箇条書きしてみよう。

① 　ビッグ・バンする前の（想像上）球の形をしたものは、有量であったはずである。もしそうでなければ、ヒッグスが生じた後に有量となるということは論理的に矛盾する。つまり無量である物質がヒッグスに運動することを妨げられ、または方向を変えられ有量になったとすれば、ヒッグスから量を受け取っているはずである。もしそうでなければ、最初から量を持っていたはずである。結論として、ビッグ・バンの前すでにヒッグスは存在していたか、または宇宙には無量なる物質は存在しないかである。

② 　反物質が宇宙全体に満ちているとすれば、光子に質重がないということができるのか。

③ 　従来の素粒子も反物質の中を移動するとすれば、反物質に関係の無い状態がありえないから、素粒子の独自性がありうるのか。

④ 　反物質が他の物質の影響を受けて濃密になること、あるいは希薄になることはないのか。

⑤ 　もし他の物質の影響を受けるとすれば、反物質の質量は変化するのか、または変化しないのか。変化しないとすれば、反物質は斥力（repulsion）

38 一筆啓上 つれづれなる論叢

を持つだけなのか。

⑥ 引力（gravitation）として働かないとすれば、反物質よりさらに小さい素粒子が必要となるのではないか。なぜならば物質が物質として成り立つためには結合が必要不可欠な条件であるからである。

　少なくとも上の問いが解決されないと、反物質の存在理由は根拠のないことになりかねないからである。

　「物質である」ということは重さ（質量）があるということである。重さのない物質は存在しない（光子には重さがないといわれているが、筆者は信じていない。例えば、太陽光のもとでのプラステックの損傷を想起すれば理解されることであろう。これは刺激変換 transduction とは考えられない）。ここ100 年の物理学は純粋性を求めすぎて、数式でのみ物理学を完成せしめたため、数学的数式の世界に迷い込んだ、つまり「ゼノンのパラドックス」（例えば、弓と的、アキレウスと亀の関係の命題を想起してもらいたい。第十および第四十一論考を参照）と同じ世界に入り込んだのである。そこでは物質は重さを失い、物理学から乖離してしまった。物質には重さが必要であることに気づいた結果、物質の重さを確定させるものとして、大気圏内の大気のようなヒッグスが必要になったのが昨今の物理学である。大気とヒッグスとが同じ状態のものかどうかは不明である。

　物質の反対は非物質であり、一般には生き物を言い表す。しかし、ここでの反物質は物質であり、ある物質の運動を妨げ、運動を止め、重さを量ることを可能ならしめる物質であるとされる。

　宇宙と地球の大気とを区別するものは引力と対立する斥力である。引力は物質を結合する力であり、斥力は分離する力である。反物質はわれわれの眼の次元の問題ではなく、また原子や電子の次元でもなく、もう１つ下の段（上の段でもよいが）にあり、いままでの素粒子よりも小さい素粒子の次元での問題である（2017 年初めて存在が確認されたということである）。この反物質にすべての物理学者が賛同している訳ではない。このような次元の問題は一夜にして

変わる可能性がある。かつてブラウン運動というものがあった。それまでの説が一夜にして否定されたのである。

引力と斥力は、ある実体から放射される作用であるが、その実体よりも小さい力としての物体である。自然界において、ある集団の働きがより大きい集団に吸収され、独自性を失い大きい集団の働きに飲み込まれ、大きい集団の働きに同調する場合がある。しかし状況が変わることによって、元の独自性を取り戻すことはある。自然界は予想つかない場合がある。特に素粒子の世界はわれわれにはまだ知られていないことが多いのである。たとえば、ブラックホールが銀河系の中心に大きいのが１つあるというが、地球にはないだろうか。筆者は小さなブラックホールは地球上にもある（「素粒子が消える」という言表に含まれている）と思っている。ただ観測されていないだけである。宇宙と地球は一体であるからである。宇宙と地球を構成する法則も物体も同じであろうからである。

素粒子の世界でも同じことが起こると考えられる。引力と斥力は同じ場にあり、ある状況の下では引力として働く作用が、状況が変わることによって斥力に同調して、斥力として働くというようなことが起こる可能性がある（物理学では棒磁石のようなプラス極とマイナス極が同時に存在する物質が考えられている）。それにもかかわらず状況が変わることによって、もとの引力に変わるというようなことがないだろうか。たとえば、脳の作用は、90％以上は相互作用である。相互作用は様々な環境の変化によって、様々に作用し合う。つまり同じ相互作用の確定が難しいのである。シナプスＡとシナプスＢの関係で、情報伝達物質をＡからＢへと流す働きが、ＡからＢへと流さず、Ａが情報伝達物質を吸収するということを行うことがある。また情報伝達物質を受け取るシナプスＢがシナプスＡを制御することもある。ヒッグスの世界はわれわれが眼にする世界とはまったく異なるものと想定される。つまり歴史的事実としてわれわれの眼の世界と顕微鏡の世界ではあまりにも異なっていた。かつての顕微鏡の世界と現在の顕微鏡の世界（マイクロメートル、ナノメートルという）とはまったく異なっている。したがって引力はどこまでいっても引力であって、斥力は斥力のままであるとはいえないのである。引力と斥力は同じ場

40 一筆啓上 つれづれなる論叢

にあって、状況に応じて多を占める方に小を占める方が従うのである。つまりあるときは引力は斥力に従い、またあるときには斥力は引力に従うのである。ヒッグスがこのような性質の物質でないとしたならば、斥力を本性とする物質であり、引力を本性とする物質、つまりヒッグスに対立する物質がさらに必要となる。ヒッグスが最小の物質でなくなる。ヒッグスが最小の物質でないとすれば、引力と斥力という2つの本性を持った物質が必要となる。そうでないとすれば、物理学、いや素粒子を扱う物理学の底がさらに見えなくなる。自然界では2つの性質を持った存在者はいるし、最初は1つの性質だけを持っているが、あとから別の性質を獲得するという物質がある。自然界では特別なことではない。われわれの理解力が自然の変化に往々にしてついていくことができないだけのである。われわれ人間も物質で構成されていることは事実である。したがってわれわれ人間のなすことはすべて自然の中にある。われわれは自然という術語を使用してわれわれ人間を理解しようとするのであるが、道半ばである。われわれの外を理解することはわれわれの中を理解することである。われわれの中を理解することはわれわれの外を理解することである。

平成 25 年 7 月 18 日

第十四論考　　リズム（rhythm）

　物質はパルス（pulse）を出す。よく知られているものは水晶である。水晶のパルスに電気を結び付けて水晶時計を作ったアメリカ人はマリソン（Marison）という人であり、1927 年のことであった。この時計で 10,000 分の1 秒まで測定可能になったといわれている。陸上競技において 100 分の 1 秒で数十 cm 違うといわれ、写真判定をも活用すれば 100 分の 1 秒測定できれば、事足りるといわれている。

　物質には必ずパルスがある。パルスにはリズムがある。宇宙の星の見当たらないところからパルスが感受される。パルスはあるが、星がみえない。これがブラック・ホールである。宇宙における物質の総量が一定ならば、ブラック・ホールがあればホワイト・ホールは必ずある。しかし総量が一定はでないとすれば、ホワイト・ホールの存在は確実ではない。宇宙のことはやめよう。われわれの生活と関わりのあるリズムの話に戻ろう。

　われわれに関係するリズムには 3 つある。

1. サーカディアン　リズム　（circadian rhythm）
  1 日の周期で起こる現象
2. インフラディアン　リズム　（infradian rhythm）
  1 か月とか 1 年の周期で起こる現
3. ウルトラディアン　リズム　（ultradian rhythm）
  1 時間とか 2 時間の周期で起こる現象

昨日生きた、今日生きて、明日生きるためには同じ状態（ホメオスタシス）を保つ必要がある。言葉の上では簡単であるが、身体にける現象のカスケード（細胞内での生化学的一連の反応 =cascade）が連続して起こるという保証はない。ホメオスタシスを保つことは容易なことではない。ホメオスタシスを守るためには多くのことが必要である。今問題にしているリズムもその 1 つであ

る。

　われわれの体内には内臓があり、その内臓にはそれぞれのリズムがある。関連する臓器は互いに連絡し合ってリズムを保っている。腸は第2の脳と言われるように多くの部分が連絡しあっていることが、蠕動運動を考えるだけでも理解される。また血圧は腎臓と脳との連絡で成り立っている。しかしホメオスタシスを保つために一番大きな働きをするものは視床下部についている下垂体である。下垂体からは臓器の働きを促す刺激ホルモンが放出される。

　いろいろな臓器の働きは、視床で作られたホルモンが下垂体の前葉と後葉とから出され体内の血液に分泌され、維持されているといってよい。視床のリズムがホメオスタシスを守っていると言っても過言ではない。もちろん脳が一方的に働いて視床の下垂体から血液中に刺激ホルモンを出しているわけではない。他の臓器からの情報を、ほとんどホルモンを受け取り、ホメオスタシスを維持するために臓器が働くように刺激ホルモンを出すのである。近年の医学会では、人体の臓器は脳を介することなく、ホルモンを放出することによって直接他の臓器と連絡を取り合っていることが常識となっているということである。「肝胆相照らす」とは肝臓が機能を衰退させたとき、胆嚢が代わってその働きをするというのが医学上の理解だが、臓器は単に一対一ということで情報を交換するだけではなく、一対多ということもあるようである。つまり人体は連絡網で成り立っているようである。臓器の多少のリズムの狂いが直ちに死を招くわけではないが、リズムの狂いがバランスの狂いとなり、全体のバランスが崩れることはある。例えば、TTX（河豚の毒　テトロドトキシン）は神経や筋肉のインパルスの発生を抑えるのである。

　このようにわれわれの状態を保ってくれる視床のリズムは何に基づいているだろうか。視床を構成する物質のリズムであることは確かであるが、その物質がどのような分子から成り立っているだろうか。その分子を支えるものもまた分子である。分子は自己の周りの分子の作用を受けてホメオスタシスを保つように働いているとしかいいようがない。ここに神を持ち出すことは許されない。神に責任を託する簡単であるが、そうすれば、現象を放棄することになる。「人間は不完全だから、神は完全である」ということと同じことになる。

第十四論考　リズム（rhythm）　*43*

これは現象の中で解決しなければならない問題である。

　物質は分子から成り立っている。物質がパルスを出すということは分子もパルス（分子周期 =molecular cycle）を出している。あるパルスは他の分子のパルスと同調する。より大きな塊の分子はさらに他の分子のパルスと同調する。結果としてある臓器のリズムとなる。心臓の細胞から作った表皮を損傷のある心臓に移植すれば、その心臓のリズムに同調し、その心臓を治癒するのである。

　リズムを考察するならば、覚醒と睡眠のリズムに触れなければならない。もちろん、このリズムはサーカディアン・リズムである。体内時計は１つの臓器によって可能となるのではなく、いくつかの臓器の相互作用が必要である。体内にある臓器は外とは無関係に働く臓器もあるが、体内時計に関しては、外の気温や明暗が重要な要素である。

　眼は外の光と深く関係していることはいうまでもない。それぞれの眼は２等分され、４等分の部分に分割され、つまり右の半分と左の半分が、交差して１つとなり、もう１つの眼は右の残りの部分と左の残りの部分が、交差して１つとなり、２つの眼で一つの対象を見るのである。視神経は視交叉といわれる場を通過して視覚野に至るのであるが、その視交叉に上核といわれるところがあり、その視交叉上核で覚醒と睡眠が決定される。つまり体内時計が決定されるのである。もちろん、松果体などの働きを無視することはできない。松果体から睡眠に関わるメラトニンというホルモンが出されるのであるが、少ないと睡眠できなくなるのである。睡眠と覚醒に関してはさらに中脳蓋と中脳被蓋が関係している。

　われわれ人間のリズムの関しては、視床の果たす役割は非常に大きいのである。視床と関わりのない臓器は嗅覚だけだといわれている。その臓器の働きはすべて視床と関わることによって成り立っている。脳の視床は臓器を支配する臓器であり、われわれを支配する部分であるということができる。決して神が参加するわけではない。

平成 25 年 7 月 21 日

第十五論考　原　子　論

　古代ギリシア（ローマでは ― ia で終わる単語は地名を表した）ではメソポ
タミアの影響を受けて哲学研究が行われた。もちろん、自然哲学であった。哲
学はメソポタミアからギリシアの植民地が多くあったアナトリア半島（現在の
トルコ人 ― セルジューク・トルコとかオスマン・トルコというが一族の名前
である ― は中央アジアから遠征し、定住した人々の末裔である。突厥 ― トッ
クツまたはトッケツと呼ばれる民族である）を経由してであった。

　原子論はもちろん自然哲学の１つであることはいうまでもない。自然の考察
から人間の考察に方向を変えたのがソクラテスであった。ソクラテスの哲学を
引き継いだのはプラトンであった。アリストテレスは確かにプラトンの弟子で
あるが、彼の考察はプラトン哲学に限定されるものではなく、あらゆる面にそ
の考察は及んでいた。

　筆者は約 20 年前に『古代ギリシア思想史』という著作を出版しました。満
足できるものではなかったが、出版後ギリシア哲学を研究することはなかっ
た。新しく書き直すことができればよいのですが、今回はそのままここでもう
一度公表することにする。

　　一般に原子論の創始者はレウキッポス（Λεύκιππος）であるといわれるが、彼
　自身は書物を書かなかった。原子論を一段と詳論し、かつ自然の全領域へと広げ
　たのは弟子のデモクリトス（Δημοκριτος）であった。デモクリトスはた倫理を
　独立したものとして扱った最初の人であった。

　　レウキッポスは、パルメニデス（Παρμενίδης）と同様絶対的な意味での生成
　及び消滅を否定したが、存在者の数多性、運動、合成物の生成と消滅を否定しな
　かった。これらのことが可能となるためには、非存在が必要である。レウキッポ
　スによれば、非存在者は存在者と同じく存在する。「存在は非存在より一層多く
　存在するものではない」。存在者は空間を充たすものであって、充足したもので

あるが、非存在者は空虚（$\tau o \ \kappa \epsilon \nu \acute{o} \nu$）である。充足（充実）と空虚は万物の根本要素であり、充足したものは微細であり、知覚されない小物体である。この小物体は空虚によって相互に分割されているが、それ自体は空間を完全に充たして内部に空虚を含むものではないから不可分である。これが原子（$\acute{\alpha} \tau o \mu \alpha$）あるいは「密なる物体（$\nu \alpha \sigma \tau \acute{\alpha}$）」と呼ばれるものである。

　原子は存在者を無数の部分に分割し、無限の空虚な空間の中へ移ったもの、即ち不生・不滅にして質料はまったく同質である。原子は同質であるが、合成された物体は重量が違うのである。レウキッポスは次のように説明する。合成物の生成は分離した原子の集合によって生成し、消滅は結合した原子の分離によって生ずる。また変化は原子の状態（$\tau \rho o \pi \acute{\eta}$）と順序（$\delta \iota \alpha \theta \iota \gamma \acute{\eta}$）の変位によって生ずる。事物相互の作用は、すべて重さと衝突による機械的なものであり、離れたものへの作用は原子の流出によって可能となる。事物の一切の性質は、原子の形・大きさ・状態・順序に基づいている。事物そのものには、重さ・密度・硬度といった性質が属するが、その他の諸性質、甘さ・苦さ・熱さ・冷たさ・色などは、知覚する主観に属し、われわれはそれを表現するにすぎないのである。すべての原子はその重さのために無限空間を運動している。より大きな原子は、小さく軽いものよりも重いため急速に落下する。そのことによって他の原子との衝突が生じ、旋回運動が起こる。その結果、一方には同種の原子が集められ、他方には種々の形の原子の錯綜によって、分離されかつ外部の隔離された原子の混合体、すなわち諸世界が生ずる。われわれの属する世界は、これら無数の世界の内の１つであって、空中に浮く円い平板である。しかし天体の内で最も大きいなものは太陽と月で、発生後、われわれの世界に入ってきたものであり、地球の周囲を水平に回転したのである。

　デモクリトスは霊魂と精神生活をより重要視した。霊魂は純良にして滑らかな円い原子であり、火で構成されており、われわれの体内のすべての部分に分布し、吸う息によって脱出を免れ、空気中から補充される。霊魂の個々の機能は、一定の期間にその座を有し、死後霊魂は原子へと分散する。しかし霊魂は人間にとって最も高貴にして神的なものである。霊魂を構成するものが原子であるゆえに、人間以外のもの、また空気中に存在するゆえに、われわれは呼吸によってわれわれの体内に取り入れることができるのである。さらに知覚は事物から発し、感覚器官を経て入り込む発出物が霊魂の中で起こる変化によって生ずるのである。例えば、視覚は対象から分離する像（$\epsilon \acute{\iota} \delta \omega \lambda \alpha$）が、その前にある空気に形を与え、それがわれわれの眼から発する発出物に触れることによって、視覚として働くの

である。思惟もまた霊魂を形成する質量の変化によってその働きをなす。知覚は「暗い認識能力」と呼ばれ、思惟は「真の認識能力」と呼ばれ、事物の真の性質は思惟によって解明されるのである。

　デモクリトスによれば、われわれの生活も認識と同様に感覚的なものから越え出ることによって決まる。最も望ましいことは、できる限り多く喜ぶことであり、できる限り少なく悲しむことである。幸福（$\varepsilon\nu\delta\alpha\iota\mu o\nu\iota\alpha$）は本質的には心の安穏と明朗とにあり、そしてこれは質素な生活、すなわち欲望を制限することによって確実に獲得される。この生活原理は、デモクリトスの豊富な経験と鋭敏な観察をわれわれに教えるものであるが、彼はこの生活原理と自然とを結合しようとはしなかった。

　以上が著作で述べた原子論である。これは飽くまでも古代のレウキッポスとデモクリトスの原子論あって、現代の物理学や他の学問の話ではない。

　最終的に無神論に至る原子論は他の尊崇する人々から嫌われ、非難される。このことは現在でも同じである。17世紀に現れたデカルトもキリスト教信者であった。彼のモットーは「私は考える。それ故私は存在する：cogito ergo sum」であり、まさに観念論の始まりであった。犬や猫は「考えるから存在する」と思うだろうか。存在するからわれわれに反応するのではないだろうか。イルカや鯨はお互いに連絡し合うとか、杉の木も相互に連絡し合うといわれるが、はたして「考える」ことができるかどうかは筆者には不明だ。

　宇宙を構成する物質は、もし宇宙がビッグ・バンによって形成されているとすれば、当然同じ物質である。そうすれば、地球に存在するものはすべて同じ物質から構成されていることになる。確かに「cogito ergo sum」は人間であることの証明になる。「人間は神に次ぐ存在者であることを証明するために考え出された命題である」といっても過言ではない。「何を言っても一貫していればよいのではないか」とは無責任な発言であり、哲学に関わる人は他人を惑わすようなことを言ってはならない。「転倒夢想」は『般若心経』においても戒められている。筆者は「sum ergo cogito」を主張したい。

平成 25 年 7 月 23 日

第十六論考　自　　然

　太陽の紅炎（prominence.or.-cy）は 8,000km あるといわれている。溶岩が
地中から溢れ出てくるのをテレビで観ることがあるが、筆者はそれを観ると太
陽を想起する。焼け死ぬことなく、この地上によく生きているものと思うので
ある。このような時ばかりではない。台風のときも、最近起こった東北地方の
30 m 以上の津波、地球ができて約 137 億年、生命が発生して 37 億年（45 億
年という説もある。数字は確定したものがない。大体の予測である）、自然の
美しい風景、自然に親しみを意識すればするほど、「自然はすごい」と驚嘆さ
せられ、自然を契機として、生きていることへの喜び、不安などさまざまな事
象に、ある事象に限定されることなく、とりとめもなく起こる現象に向うので
ある。年齢のせいだろうか。このような現象は筆者だけに惹起することであろ
うか。

　よく自然が恵みと同時に災いをわれわれ人間に齎すと言われる。しかし本当
にそうであろうか。自然はあるがままであり、その結果われわれ人間とって恵
みと災いとなるのである。別に自然は意識しているわけではなく、人間が勝手
にそのように理解しているのである。

　人間は古代から自然を大きく見れば、2 つの視座で理解している。

　①自然がわれわれ人間に対立する。

　②自然がわれわれ人間を包摂している。

　①の視座は西アジアを起源とする。ユダヤ教、キリスト教、イスラム教を
信仰する国々の人々に多い。②の視座は東アジアの国々に多い。われわれ人間
は「人間は弱い」ということで強いものに憧れ、われわれ「人間は不完全であ
る」ということで、完全なものに憧れ、われわれ「人間ができない」というこ
とで、「それを頼りにし、それが現存する」ものとする。それとは神のことで
あり、天である。これらはすべてわれわれ人間に欠けているものを備えている

という。「神は現存する」と独断されると、それを否定することも独断となり、何の解決にもならないのである。カントに従えば、認識ではなく、信仰だから反論はできない。信仰は平和を求めて戦争し、友情を求めて争いをする。握手をして相手を傷付けるのである。これが現象界における限界である。

　近年に至って自然は対立するもの、また克服するものではないという理解がなされるようになった。この理解は大切であるが、人間はそれだけでは生きてはいけない時代となっている。人口の増加と食糧不足という危機を迎え、自国のことはもちろん他国のことも、為政者はできうる限りの手段を尽くさなければならない時代となっているのである。しかし世界の為政者は自国のことにばかりに関わっているのが現状である。死に方にも色々あるであろうが、ただ餓死は弱者の間で起こることである。もちろんこれも自然ではあるが、色々な手段を尽くした上での自然ではない。今のままでは人類は共倒れするであろうが、自分の生き残りを賭けて戦うときは必ず来るものと思われる。

　自然は今までの理解ではなく、新しく定義されなければならない。今までは人間は自然に包摂されるだけで、いずれは終焉を迎えるだけであるが、何とかして克服する部分もなければならない。そうしないと人口の増加と食料不足によって、遠からず人間は滅びるであろう。いずれにせよ滅びるような気がするが、1000年とか、2000年かは生き延びて貰いたい。またそうしなければならない。できることなら、太陽が赤色矮星となり、拡大し、地球を飲み込み、終焉を迎えるまで存続してほしい。自然とは地球のことであり、筆者の周囲だけのことではない。筆者は1人の人間として未来を信じたいのである。

平成25年7月24日

第十七論考　　愛　す　る

　キリスト教は愛の宗教であるといわれる。仏教、ユダヤ教、イスラム教には
愛がないだろうか。宗教がなければ愛がないということにはならないだろう。
愛といえば、親子の関係が思い浮かぶのは筆者だけであろうか。われわれ日本
人は、中国の文化や思想の影響は多大であることは誰でも認めるだろう。愛を
身体で表現することは、キリスト教文化圏の人々のようなことはない。ヨー
ロッパ文化圏に比べると、西アジアも東アジアも長い歴史をもっている。この
ことが「愛する」ことにどのような意義を持つかは不明であるが、ギリシア人
達は、ヨーロッパ人は好戦的で、戦闘的であり、アジア人は謙虚で奥ゆかしい
と言っている。愛の形もここにあるのでないだろうか。アジア人は、男女の間
でも、親子の間でも大層なジェスチャーで表現することはない。

　「愛する」ことは「信じる」ことと表裏である。「信じる」ことがなければ、
「愛する」ことはない。「愛する」ことがなければ、「信じる」こともない。「愛
する」ことも「信じる」ことも単独に存在することはある。ただし相手がいな
いにもかかわらず、「愛する」とか「信じる」ということはただ単に夢想とで
も呼ぶことにしよう。両者は相手があって成立することである。「愛する」こ
と、「信じる」ことは共に傾向性であり、相手が存在することによって、顕現
する傾向性である。この意味で、同じ感情であっても生命を維持するための欲
望とは違う。

　欲望にも色々な違いがあるが、高いとか低いということはないだろう。ただ
自己に向かう欲望と相手に向う欲望があろう。「愛する」ことも「信じる」こ
とも絶対ということはないが、相手に支えられることによってより確かなもの
となる。

　しかし感情は気まぐれであり、絶対的信用ということはない。人間に表裏が
あるように、もちろん感情にも表裏はある。感情は長く続くとは限らない。そ

れを長く続かせるためには日常生活が大事である。感情は主観的なものであり、絶対的確信を持って根拠づけられることは相手次第である。人間には迷いがつきまとう、自分を自分で根拠づけることはできない。人間は苦痛・苦悩に耐えることはできず、何か仲介するものを必要とし、考え出すのである。それを信じ、愛するのである。さらにそれに責任を、いや己を預けてしまうのである。神もその1つであり、心もその1つである。考え出した神や心を絶対化するのである。それに自分の存在根拠を見いだすのである。安心し、救われた気になる。それが弱い人間の賢い手法である。一見して強い信仰を持つ宗教家が、自分の弱い本質を隠す方法である。この現象は宗教家だけではなく、人間一般に言えることかもしれない。

平成25年7月26日

第十八論考　　生　と　死

　時間とはわれわれの個人または集団の任意によって成り立っている。特に地
球の自転と公転とは何の関係もなく形成される時間は特記に値する。

　　　過去　　「生きていた」「死んでいた」
　　　現在　　「生きている」「死んでいる」
　　　未来　　「生きているだろう」「死んでいるだろう」

「生」「死」という術語を時間概念から切り離し、時間概念を超えて使用でき
るのである。つまりすべては現在に集約されて使用されるのでる。

　ある生命体の細胞にはミトコンドリアが内在し、そのミトコンドリアにとっ
てある物質は食料（ピルビン酸）として吸収され、その生命体のエネルギー
となる。生命体は何らかの障害を起こし、自己を維持できなくなると、生命体
は死ぬ。日本では死者を「茶毘にふす」のであるが、世界には死者を弔う方法
は沢山ある。「茶毘にふす」とは肉体を消滅させるのではなく、われわれの眼
にとって不可視であるが、死体をより小さい物質に霧散させるということで
ある。我々の感覚界、つまり生成消滅する世界、現象界で「生きている」とい
うことは「血が通う」「呼吸する」「食事をする」その他筆舌しがたいほど多く
形容され表現される。しかしわれわれの感覚では、また日常ではどうにもなら
ない世界がある。その世界とは分子や原子の世界のことである。分子や原子の
世界で「生」「死」というものを理解するとすれば、われわれ人間の日常の生
活感覚では「生きる」「死ぬ」ということは説明がつかない。「生きる」「死ぬ」
ということは疑う余地の無い事実である。しかし分子界と感覚界との溝は、経
験上の感覚では捉えられるものではないゆえに、説明は舌足らずになってしま
い、理解してもらうことは困難をともなう。

　森羅万象、すべては同じ物質で構成されている。ただしあるものを構成す
るとき、すべての種のものが構成要素となるわけではない。Ａを構成する物

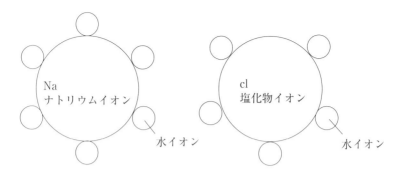

質と、Bを構成する物質が同じときもあれば、違うときもある。また同じ物質であっても割合が違うときもある。つまりあるものを構成するということでは必然であっても、割合ということにおいては偶然であるということもある。結果として偶然であったが、原因としては必然であったということもある。例えば、水と塩の溶解という関係を見るならば理解されると思う。つまり水と塩を混ぜると上のような形になり、水のイオンがある限り、Naイオン cl イオンと水イオンが結合する。もちろん、水イオンがなくなると塩は溶ける（分離と結合がなくなる）ことがなくなり、塩の結晶が我々の眼には見えるようになるこの現象は単に水と塩との関係だけてせはなく、周囲の状態により結果は様々に変わる。

　自然界では必然と偶然は表裏である。われわれ人間は自然から乖離して自然観を形成し、自然を理解してきた。それが誤りであった。一粒の粟を落としても、その音を聞くことはできないが、1ℓの粟を落としたらその音を聞くことできる。この例と同じように、1つの分子のパルスなら測定できないが、数十万の分子が集まれば、そのパルスを測定できるかもしれない。さらにはそのパルスをリズムとして測定できるかもしれない。生命体にとってリズムを欠くことはできない。リズムは生命体の運動の働きの結果であり、生命体であることを保証するものである。リズムは結果であるばかりではなく、原因でもある。つまり食欲も排泄も運動の働きの結果であり、運動の原因でもある。このようなリズムをある生命体から他の生命体へと拡大でき、飛躍するならば、地球の生命体から地球外の生命体へと拡大できる。「筆者の幻想だ」といえない

こともないが、宇宙の物体を構成する物質は同じであるとの前提があっての話である。地球外の生命体に拡大できるならば、非生命体にも拡大できる。ただしビッグ・バンを否定するならば、この話はもちろん成り立たない。

アインシュタイン（Einstein）では宇宙は閉じられていたが、宇宙が開かれているというのがアインシュタイン以降の天体物理学の宇宙論である。しかしビッグ・バンは否定されているわけではない。したがって、宇宙を構成する物質はどこでも同じであるとすべきである。筆者を構成する物質も父母を構成する物質も、犬、猫を構成する物質は同じである。また庭の木も花も同じ物質で構成されているし、100万年前の人間も同じ物質で構成されていた。しかし何らかの物質の割合が違う。ホモ・サピエンスとホモ・サピエンス・サピエンスとでは何らかの物質の割合が違うはずである。また犬と猫とでは何らかの物質の割合が違うはずである。もしそうでなければ、犬と猫との違いがないということになる。分子の次元で「生きている」とは分子が結合している状態であり、「死んでこの世にいない」ということは分子が分離し、分散していることを意味している。このようなことはわれわれ人間の感覚界では理解できることではない。つまり顕微鏡の世界での話しである。我々の感覚で分子界のことは語ることはできない。しかしだからといって、架空の噺ではない。一歩を切り開くには時間がかかるが、確実に一歩を進めるしかない。分子界はいずれ明らかになるものと思う。

天地創造したのは神ではなく、自然である。神が調和するように自然を支配したり、制御しているのではないし、われわれ人間は自然の中に含まれ、自然の恩恵を受けると同時に自然の災いも受けるのである。しかし自然はそれを理解しているわけではない。人間の喜怒哀楽は人間の勝手な営みであり、自然とは何の関係もない。人類が滅びることも人類の責任であるし、人類が生き延びることも人類の責任である。自然に機械論もなければ、目的論もない。天国も地獄も存在しない。「存在する」と幻想することによって、日常生活を制御し、より良い生活を送ろうとしているだけの話である。もちろんそれが無駄だというのではない。個人の幸福から類全体の幸福を願うことは無駄なことではない。自分の安穏は他人の安穏を保証してよいし、他人の安穏が自分の安穏を保

証してよい。「弱肉強食」も自然であり、「合従連衡」も自然であり、「肝胆相照」も自然である。いずれも神の介入を必要としない。

　ホモ・サピエンス・サピエンスが地上に顕現して20万年経つといわれているが、その間にホモ・サピエンス・サピエンスが進歩したかどうかは不明である。しかしホモ・サピエンス・サピエンスは周囲に存在するもののほぼすべてを展開させ、人間に都合の良いように発展させたことは事実ある。これから先のことは予言できないが、いずれにせよ容易ならざる事態は次々に顕現するものと予想がつくのである（第三十二、三十八論考を参照）。

平成25年8月12日

第十九論考　　進　　化

　進化論といえば、ダーウィン（Darwin　1802～82）の名前が想起される。そのダーウィンが進化論を説く契機となったのがガラパゴスのイグアナ（海イグアナと陸イグアナ）とフィンチ（生息場所の違いにより生活の仕方は異なり、その結果たくさんの種が存在することになる。日本でいうとモンシロ蝶が相当するといわれる）だといわれている。しかし真偽のほどは判らない。

　日本では進化論はよく知られている。神の天地創造を信じている人はいないであろう。しかしキリスト文化圏では進化論は忌避されることが多く、地域によっては教科書にも載せられないといわれている。進化論は議論の中心とされることが多く、10通り位はあるといわれている。筆者の能力不足でこれを議論はできない。いやダーウィン1人の進化論ですら詳論できない。そこで筆者が日ごろ考えている「自然淘汰（natural selection）」に触れてみよう。

　進化論は直線的に、親・子・孫へと生命の伝達（親と同じ姿・形を指令するものはマスターキイ遺伝子といわれる遺伝子とそのマスターキイ遺伝子を指令するホメオテック遺伝子がある。このホメオテック遺伝子は複数あるといわれている）があり、しかも「よりよい方向」に向かうものと思われがちであるが、しかし実際は逆に「悪くなる」ことが多いといわれている。例えば、植物界では「悪くなる」ことが多いので種苗会社では、原種を手に入れることが、会社の存続に関係するといわれている。

　進化とは「良くなる」ことも進化であり、「悪くなる」ことも進化と看做されなければならない。つまりそのままの状態の伝達ではなく、状態を変化させて伝達することを進化といわなければならない。進化も突然変異も「より良い状態になる」ということは少ないといわれている。

　よく雌をめぐって雄は闘争し、力の強い方が子孫を残すといわれているが、この説は信用はできない。猿類や鳥類の雌はよその雄ともよく交尾するといわ

れる。つまり自然界では勝者だけが子孫を残すのではない。この自然の話は人間界にどの程度当てはまるかはわからないが、感情はそのときの状況次第で変化するものであるから、まったく無いということでもないだろう。現在の世界では非常に数は少ないが「一妻多夫」という制度が残っているところがある。

人間にとって進化とは何であろうか。新人類がこの地上に顕現して20万年になるといわれが、新人類が進化したという証拠はない（例えば、男性が女性から進化した証拠は前立腺であるといわれる。前立腺は女性の卵巣であるといわれる。しかし旧人類にも男性と女性の違いはあった。したがって男性が女性から進化した時期を示すことはできない）。もちろん、地球の成立後137億年、生命が地上に現れて37億年（前にも述べたが、数字は推定である）経つといわれる。これと20万年を比較しても、比較にはならないので、20万年では進化を問うにはあまりにも短いということができる。新人類の進化を論ずるには時期尚早である。

例はよくないかもしれないが、前シナプスと後シナプスの関係、また軸索の伝達は決して直線的ではなく、行きつ戻りつという形で伝達される。現在の人類にとって進化は「より良い方向」に向かうのか、「より悪い方向」に向かうかは速断できない。さらに例を挙げよう。

DNAとRNAの関係を考察してみよう。mRNAはDNAを転写（transcription）し、mRNAはどのような必然性があるのかは不明であるが、転写したものを必要なもの（エクソン　exson）と不必要なもの（イントロンintron）とに分類し、切断し、繋ぎ合わせ、それをRNAの1つであるリボゾームへ送り蛋白質を作ってもらう。この作業をmRNAのスプライシング（splicing）という。DNAは親から受け継いだ固定した確かな遺伝子であり、染色体である。しかしRNAは不確かなもので周りの影響を受けるのである。mRNAが必要に応じて必要な蛋白質を作らせているならば、遺伝病が顕現しないはずであるが、mRNAは状況に応じてスプライシングするからホメオスタシスを維持することは難しい。したがって、DNAも重要であるが、現実の環境にあってはRNAの働きがもっと重要である。たとえXX、XYという染色体が固定されていても、現象させるものとしてRNAの果たす役割は大きい

のである。

　遺伝子は環境に応じて働くのであるから、環境が悪くなれば、より良く働くに違いない。もちろん、生命体が死滅しないという条件つきにおいてである。人間は生命体の中でも環境に最もよく順応できる生命体である。赤道直下にも極寒のグリーンランドでも居住できる生命体である。人間以上に環境に順応できる生命体は存在しない。

　環境が劇的に変化すれば、DNA と RNA の関係も変わるであろう。しかし環境がどんなに変化しても乗り切れるという保証はない。

　新人類となって 20 万年経つが、20 万年では新人類の進化は不明である。この新人類が進化したと実感するまであとどの位の時間が必要なのかは筆者には判らない。たぶん 100 万年とか、200 万年とかの時間が必要だと思われる。

　自然淘汰が進化の概念に合致するかどうかは議論される余地はあるが、環境が人類を消滅させない限り、人類はその環境に順応し、進化するであろうと想像はできる。人類が存続できるかどうかは環境次第である。自然は人類を包括しているのである。

平成 25 年 8 月 14 日

第二十論考　　作　　像

　眼を通して後頭葉にある第一視覚野に映る像は完全な像ではなく、未完成像である。第一視覚野に至るまでの過程で、数多くの局部からの影響をうける。この意味で筆者は単に像が単なる写しではなく、脳の積極的働きがあって第一視覚野に像ができると考えて「作像」という術語を使用した。

　第一視覚野から頭頂葉の感覚野の手前まで至ることによって、また側頭葉の角回の付近にまで至ることによって（脳の境界は線で区別できるほど明確ではなく、大まかに区別される）、像が完成する。その像を眼を通る前の像と比較すれば、必ず誤差があるが、どの程度の誤差なのかは筆者には判らない。眼には眼の欠陥があり、完全ではない。つまり錯覚がある。

　像は眼を通すことなく作像されることがある。この場合は脳に記憶されていないものが像となることはない。つまり記憶されていたものが像として想起されるのであるが、脳において経験されたことは即記憶されていると考えてよい。時間差は 10,000 分の 1 秒とか、1,000 分の 1 秒である。われわれ人間の感覚では時間差は無いと考えてよい。当然のことであるが、どこかに記憶されているものが作像される（ここでは作像ではなく、描出といった方が理解されやすいかもしれない）。記憶の多くは、側頭葉の内側にその座を占めているといわれている。その像の場と実際の像の構成要素のある場所をエングラム（engram）といわれている。このエングラムはコラムといわれる 6 層の円柱からなり、この円柱の直径は大変小さく、マイクロメートルの単位のものであるが、大脳皮質（cortex）を構成している。このコラムが集まって機能しているものと思われる。それを図にしてみよう（筆者の独自に考えたもので、まったく違うかもしれない）。例えば、4 足の動物に関するコラムの集団または連絡網であるとすると、次のような図が考えられる。ここではコラムの集団を A から J までとする。それぞれの集団は他の集団と連絡し合うものとする。ここ

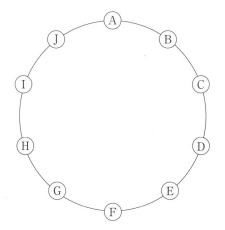

では3つの集団が連絡し合うとするが、いくつもの集団が連絡を取り合ってもよいとする。しかし一応3つの集団が連絡し合うものとする。

　ABCのコラム集団が連絡を取り合うことによって犬を、BCDのコラム集団が連絡を取り合うことによって猫を、CDGが連絡をとりあって馬を、EGBが連絡とりあって虎を、EFGではライオン、DFDではキリンというような動物の像が作られるとする。また認識されるとすれば、コラムの意義は理解される。さらに鳥類に関して別のコラムの連絡網があり、連絡しあい、認識させる。このようなコラムは現象界に対応する以上のものがあるとしなければならない。脳のニューロンは約1,000億あり、現象界の物に対応するには十分であり、さらには自らも独自に作像（例えば数学における図など）するが、眼の優位は変わらないのである。記憶がどのようにして行われるかということに関する研究は多い。しかし記憶の再構成、つまり思い出される方法に関する研究は少ない。思い出される仕方には、意識的に行われる場合と無意識的に行われる場合がある。思い出すには規則は無い。日常、皮質のコラムの連絡網がよく働いているならば、思い出すことは困難ではないが、1年に1回位では、意識的にはなかなか思い出すことはできない。無意識的には思い出すことはあっても必要のないときもある。何か普遍的方法はないだろうか。無意識的に思い出すことは夢に似ている。夢を見たことは知っているが、夢の中身は目覚めと同時

に消える。コラムの連絡網の中に蓄えられているから、消え去ることは無い。筆者はフロイトの夢分析は信用しない。なぜならば、日常気にかけていることについてよく夢を見ることが多いからである。このような現象は筆者ばかりであろうか。

　像を構成するものは何か。筆者はもちろん物質を構成する分子であると思う。なぜならば外側膝状体（網膜から第一視覚野に情報を運ぶ核　lateral geniculate nucleus）が６層からなっており、そのある層に主に像が見られるからである。その外側膝状対は量を持った物質である。それゆえ、像もまた量を持った立体から成り立っている考えるべきである。

　夢が目覚めると同時に消えるのは、夢を構成する物質は分散するからであると考えられる。脳内部のあるものが分子の塊を見るのである。そのようなことが可能だろうか。脳内部のある箇所に、つまりコラムの連絡網がその分子の塊を見るとしか考えられない。コラムの連絡網が夢を見ているとすれば、夢は記憶を整理していると考えられる。つまり脳が独自のやり方で情報を整理していると考えられ、脳が脳のためにレム睡眠をするのであると考えられる。睡眠と覚醒とレム睡眠とノン・レム睡眠は脳の健康を保つためには欠くことのできない要素であるとすべきである（第二十一論考を参照）。

平成 25 年 8 月 15 日

第二十一論考　考 え る

エポケー（epokhê　ギリシア語）とは「判断中止」と訳されるが、判断とは「考える」ことの1つである。われわれ人間は「考える」ことを止めることも、続けることも可能であることを示している。脳は全体としては刺激に反応して「考える」という働きをする。脳のどの部分をとっても「考える」ことが成り立つように思える。しかし脳は前頭葉、頭頂葉、側頭葉、後頭葉の4つに大別されるが、純粋な意味で「考える」という働きを行うところとしては前頭葉であるといわれている。しかし広い意味で「考える」ことは脳全体で相互作用をし、共同作業であると看做されるべきである。なぜならば、前頭前野、味覚野、運動野、感覚野、聴覚野、言語野、視覚野などを大脳皮質は1つにまとめて働かせるからである。前頭野にある嗅覚野を除いたその他の部分は、視床（頭の中心にあり、脳室である）と関わりなく働くことは無い。

脳は全体としては外からの刺激に対応して反応するように作られている。中枢神経と末梢神経の関係は刺激と反応の関係である。内部からの刺激ももちろんあるが、構造は同じであると考えてよい。普通は脳幹から視床と経由し、皮質へと上向し、そこから下向するのである。脳を構成する細胞ばかりではなく、体の細胞は全体として受動的に反応するばかりではなく、自発的かつ積極的にも反応するように作られている。広い意味では「考える」ことは「反応する」ことであるが、狭義の意味では「考える」とは中枢から末梢へという構造をとらず、前頭葉の内部でのみ「考える」という作用を行うことがある。学問的思惟作用（カントは、数学的認識は直観で可能となるというが、これは脳の構造をまったく無視した場合のことである。カントは、直観の助けを借り、その直観に責任を預けたのである。「考える」ことは直観的閃きを必要とするが、少なくとも『第一批判』においてカントは認めなかった）は、外部からの刺激を必要としない作用である。

62 一筆啓上 つれづれなる論叢

「考える」とは漠然と「考える」ことも「考える」ことであり、原理原則に
したがって「考える」ことも「考える」ことである。さらには刺激に即して
「考える」ことも「考える」ことである。「考える」エネルギーはミトコンドリ
アが作ってくれる。「考える」人間は（考えなくても良いが）物質で構成され、
ミトコンドリアも物質であり、物質のエネルギーを提供してくれる。一切合切
物質によって支えられている。それゆえ「考える」ことは物質の法則に従って
おり、神の法則に従っているのではなく、また天の法則に従っているのでもな
く、ただ自然の法則、いや物質の法則に従って考えているのである。この意味
で物質は「考える」のである。

「metaphysik」とは、アリストテレスの作品名（アリストテレスが付けた名
でなく、後世の人が整理するためにつけたといわれている）で meta とは「後
とか、超越とか」を示すといわれている。「後自然学、超自然学」とでも訳さ
れるべきであろうが、訳者は2つの意味を込めて「形而上学」と訳したもの
と思われる。『易経』の中に「形而上者、謂之道、形而下者、謂之器」とある。
訳者はこれを利用したであろう。アリストテレスの作品は中世ヨーロッパで修
道師たちの研究対象となったり、また批判を受けて破棄されたりすることを数
回繰り返している。プラトンの思想がユダヤで受け入れられたことがあったと
聞いたことがあるが、キリスト教の世界ではもっぱらアリストテレスが受け入
れられた。

アリストテレスの思想は経験界から超越界へと上昇するもので最後は「不
動の動者」（自らは動かず、他者を動かす）のもとに至るという思想で、キリ
スト教のエホバを想起させる。アリストテレスの思想は、神を説くのに非常に
都合が良かったに違いない。このような意味で神を扱う学問（宗教学）は形而
上学しかないというようになったものと思う。また同じく霊魂を扱うにも非常
に都合が良かったものと思う。アリストテレスでは形而上学の個別的研究対象
は、神、霊魂、世界であるが、カントでは、神、霊魂、自由であるとされた。
この違いはそれぞれの個性にあると思われる。カントは自由を統制的理念にし
てしまった。カントはわれわれが牢獄の中でも自由であるとした。この問題は
別のところで考察したことがあるのでここでは省略する。

第二十一論考 考 え る　*63*

　「考える」ことは形而上学ではなく、常に形而下で行われる。もちろん考え
た結果は形而上であることはある。しかしそれは常に幻覚と同じである。論理
的に考えた結果であるという反論があるかもしれないが、論理は論理であって
現実とは違う。「ここがロドスだ。さあ飛べ」という箴言がある。論理はどん
なに努力しても論理以上にはならない。例えば、「ゼノンのパラドックス」を
想起してください。神も霊魂もわれわれが考え出し、それに責任を預け、「神
は〇〇〇という」とか「天は〇〇〇という」という論法を使い宗教家たちは凡
人を説得しようとするのである。自発的に「考える」とは自然の枠の中で、何
か（例えば、神とか、心とか）を仲介することなく、ただ物質の法則に従って
「考える」ことである。「考える」主体者は物質で構成されたわれわれ人間であ
り、物質の助けがあって初めて可能なのである。この意味で自然を超えては
ならないし、いつまでも海岸で戯れてはならないし、物質の謎を解き明かさな
ければならない（第四十九論考を参照）。

平成 25 年 8 月 16 日

第二十二論考　　天　　才

　自由が学問の対象となったのはヨーロッパにおいてであった。学問の対象となる前は宗教的解釈を巡ってであった。いつとは断言できないが、宗教会議がしばしば開催され少数を占めた一派は異端として排斥された。しかし当時自由といえば、宗教上の自由であった。文字通りの自由とは一切の束縛から解放された状態である。あらゆる束縛から解放された自由とは頭の中にこそ存在するが、現象界には存在しない。このような自由が望まれたのではなく、自由とは神に束縛される自由であった。神を信じ、神のために努力し、神のために尽くす、この地上に神の国をつくるならば、人間は神の下に行くことができるとした。最も良い例は十字軍であろう。ヨーロッパにおいて今なお宗教上の自由は解釈上の自由であり、エホバの神を放棄できない。神を信じる自由は保障され、次に政治上の自由が保証される必要があった。なぜならば特に王侯たちは自分の権力を守るためにはローマからの自由であることが必要であったからである。平民たちもまた自分の身分保障、財産の保証が必要となり、政治的に自由でありたいと願うのは当然の帰結であるからである。ルターは宗教的改革をも求めたが、一般の人々は特に農民が経済的改革を求めた。ルターと一般の人々との間に軋轢が生じ、ルターは弾圧するという悲劇を招いたのである。経済と結びついた自由を求めることは権力との戦いとなるのは当然である。これが政治的自由であり、それが宗教的自由となるのも道理であろう。神を信じるならば、政治も神のために存在する。神のため力を尽くすという思想が資本主義の起こる契機になったことはよく知られている。

　ヨーロッパの歴史上の自由とは、すべての束縛からの自由というよりは、宗派からの自由であり、エホバの神からの自立ではなかった。

　人間は頭の中であらゆるものからの開放を自由であると思う。しかし環境に束縛され、かつ自分は物質で構成されていることに自覚する。自分の物質性は

欲望で感得される。最も判り易いのは食欲であろう。自分は自由ではないと自覚する。日常の生活の中で、身近な自由、つまり政治的に自由でありたいと願うであろう。人間は自分１人で生活していないことに気づき、共同体（社会）の中では自由を求め、孤立して生きていくことは無理であることに気づくのである。孤立して生きることは不可能であると気づいたから、内面的自由を放棄するわけではない。全体から個を見るという方法もあるが、個から全体を見るということもある。内面的に自由でありたいと思うこともあるであろう。内面的に道徳法則を立法するといわなければ、自由は消滅することになる。カントのいう自由とはこのような自由であり、道徳法則を立法するということで自由は救われるのである。自由は道徳法則に束縛されることによって自由でありうるのである。

　この場合カントでは道徳法則は純粋実践理性（道徳に関係する理性は実践理性といわれる）によって可能となっているので、自然法則、つまり物質の法則によって束縛されることはないというが、われわれ人間は物質によって構成されているのである。道徳法則といえども物質から乖離して存在しうるのであろうか。われわれ人間は物質的存在者であり、考え出された道徳法則が自然（物質）から乖離しているということがあるだろうか。自然は道徳的法則をも包括し、人間を介して自己目的を実現すると考えた方がより現実的である。しかしながらここで問題が生じる。「われわれ人間が物質で構成されているから、考えることはすべて自然に適っている」ということができるかどうかということである。「自由であっても、道徳的である」ということは道徳が自由を束縛していることになり、自由は道徳のみに関わることになり、決して自由ではないということになる。カントでは自由は道徳法則に束縛されて当然ということになるのである。これはカントの考え方であって、自由と道徳が結びつかなければならない必然性はカントの問題であり、少なくともエホバの神を信じない者には何の意味も無いのである。

　夢とか幻覚とかは自然（物質）法則に合致しているということを証明しなければならない。もしそうでなければ、自然法則から乖離して「考える」ことができないということになるからである。簡単にいえば、「天才は自然法則に

従って創造しているか」ということである。「天才は自然法則の外で創造する」から天才であるということができる。しかし夢とか幻覚とかは本当に物質の支配から独立しているのであろうか。夢はわれわれの日常の生活で多量に入ってくる情報を睡眠している間に（レム睡眠のときに現れることが多く、ノン・レム睡眠のときにも現れるといわれている）、情報処理する必要があり、それを眠っている間に行っているといわれている。脳にとって記憶として留めるためには欠かすことのできない処理であるといわれている。また幻覚は、脳障害（ニューロンの連絡障害）か、薬物（物質である）による障害のときに現れるといわれる。絵画、音楽、その他の領域で天才といわれている人々が、どのような仕方で作品を創造するのか、または業績を上げるのであろうか。

　脳の働きは約1,000億のニューロンとその10倍のグリア細胞によってささえられている。その働きは一瞬にして成り立つのであるから、経験したものが記憶されて、それが基となって新しいものが展開するというのではなく、経験も展開も記憶も同時に行われているといってよいのである。つまり時間差はほとんどないのである。脳の働きという視点から天才を定義づけるとすれば、想像（構想）力の違いであろう。能力の差が天才を生み出すのであって、自然（物質）法則に従ってはいないということではない。つまり天才といえども自然法則に従いつつ、そこから想像力によって、凡人が想像できないような、新しいものを創造するのが天才であるということができる。天才を芸術的分野だけに限定する必要はない。自然科学の領域にも天才は存在してよい。

　自由に関してまとめてみると、外的自由とは政治的自由であり、内面的自由とは道徳的自由のことである。しかしながら天才の自由は、政治的自由でもなく、道徳的自由でもない。経験的記憶物を自己中心的に展開された自由であり、政治とも道徳とも関係の無い自由である。何人も束縛できるような自由ではなく、まったくの天才の自由なのである。われわれ人間には、蛋白質の合成のごとく、自発性に基づく自由がある。つまり想像力を介しての自由である。それが視覚・聴覚、いや五感の自由、われわれの内外の刺激を受けて、そこから展開される自由がわれわれ人間に存在するということができる。この意味で凡人も天才も等しく人間である。

天才が凡人と区別されるのは、あることを展開させる能力が違うということである。能力の差は生まれながらの差ということもあるが、むしろ生まれた後の努力の差にあるのではないだろうか。努力とは次のような運動をよりいっそう促進させることである。われわれの神経運動には２つの運動がある。末梢神経から脊髄と中枢神経を介して大脳皮質へと進む運動は上向性運動といわれ、大脳皮質から中枢神経と脊髄を介して抹消神経へと進む運動は下向性運動といわれる。これら２つの運動、上向性と下向性の運動を行うことによって、感覚と大脳皮質が鋭敏化（感作＝sensitization）されるのである。努力とはこの上向性運動と下向性運動とがよく連絡を取り合うようにすることである。この両方向の運動を行うことが、結果として感作を惹起し、より良い作品を創造することになり、天才が生まれるものと思う（第三十五論考を参照）。

平成25年9月2日

第二十三論考　　人　　権

　「日本帝国憲法」は天皇中心の憲法であった。天皇は天の子であり、一般の人々は天の子に奉仕する臣民であった。戦争に敗れ、「日本国憲法」ができ、天皇は象徴となり、その中心は「基本的人権」という理念になった。「基本的人権」とは何か。ほとんどの日本人は理解していないと思う。人権とは理念である。しかも統制的理念であるといわれる。われわれ日本人が行動する際に行動を制約するもの、規定するもの、または規範として働く理念を統制的理念というのである。したがって何かという問いに応えるものではなく、「いかに生きるべきか」というときに役に立つと考えればよいのである。

　統制するとは、ある原則に従がって行動するということである。「私」の行動を統制するとは、「私」がある原則を認め、その原則を規範として認め、それに従って行動すれば、「私」がその原則を承認したことになり、統制的理念として認めたことになる。しかしその理念が何によって支えられ可能となるのであろうか。

　もちろんキリスト教徒ならばすぐ理解できると思う。統制的理念といわれるものは他にもある。例えば、平等、正義などである。いずれの理念も、われわれが行動する際の規範として働くのである。人権を保障するものは神である。われわれ人間が神に奉仕し、神の世界がこの世に実現するように努めるから、神は人間を自分に役立つように守り、神に次いで二番の地位を与えるのである。それが人権である。

　人間が人間を保障するのでは人間は守られない。なぜならば人間が人間を保障することは真に実現されるとは限らないからである。また人間には好き嫌いの感情があり、しかも気まぐれであるからだ。すべての人に平等に対応できのものではない。人間は裏切るのである。したがって人間による保障は信頼できないのである。人間は人間を保障できないのである。人間は信用できる上位者

第二十三論考　人　　権　*69*

を必要とするのである。それが神であり天である。上位者のために力の限り尽力し、その上位者から人間であることを保障してもらい「人権」が成り立つのである。これが人権の本来の構造である。

　ユダヤ教、キリスト教、イスラム教の3つの宗教の源はユダヤ教である。ユダヤ教によれば、アブラハムが12の部族を引き連れてシュメールを後にして放浪の旅に出た。ユダヤ人がなぜシュメールを後にしたかは不明であるが、ユダヤ人はペルシア湾の南からやって来たといわれている。筆者の記憶は明確ではないが、エホバの神がアダムを創造した物語はシュメールの神話にあったと記憶している。『旧約聖書』の成立の過程は明白ではないが、『旧約聖書』の『イザヤ書』の写本または原本といわれる『死海文章（Dead Sea Scrolls）』がある。この『死海文章』は断片であり、統一のとれたものではないといわれている。モーセ以後のユダヤ人は惨めなものであった。ヨルダン川の西岸の都も分裂し、分裂後1000年はもたなかった。ローマによって滅ぼされ、ユダヤ人は祖国を失い、世界中に広まった（diasporaという）。世界に広まる前にイエス・キリストが現れ、宗教改革を説いた。キリスト教の始まりであった。そのキリスト教はローマの国教となり、そのローマによってユダヤ教は否定されたのであった。7世紀になって現在のサウジアラビアで、ムハンマド（MHMDと書き、フランス人はモハメッドと発音したが、地元では慣習としてムハンマドと発音した）が天使ガブリエルの予言を聞き、イスラム教が成立した（こことの関連で第四十四論考を参照）。

　これら3つ宗教の中で偶像を認めているのはキリスト教だけである。しかしさすがにエホバの偶像はない。人権を保障するのは最終的には神である。現在でもキリスト教信者はそのように考えているものと思う。ではキリスト教を信仰しない者が「人権」にあやかる事ができないのか。キリスト教徒の間でも、人権という理念はエホバの神の偶像がなくても単なる言葉ではなく、われわれ人間を統制できると考えることができるのである。神のために尽力し、神によって人の権利を保障してもらうことが本来の人権であるが、神を信じなくても、人権という理念を理念として守るように努力するならば、人間は信用するに足る存在者ではないだろうか。人間が考え出した人権という術語は時間と

70　一筆啓上　つれづれなる論叢

か心とかという術語と同じように信用するに足る術語である（第五十二論考を参照）。

平成 25 年 9 月 4 日

第二十四論考　　幻覚・幻聴

　幻覚も幻聴も脳の働きで顕現するのである。われわれ人間には五感がある。視覚・聴覚・嗅覚・味覚・触覚である。前の２つの感覚と後の３つの感覚とは違いがある。前の感覚は対象が目前になくても働く感覚であり、後者の感覚はわれわれの受容体を刺激する対象を欠かすことはできない。夢も大脳の働きで可能となり、数学的認識、例えばユークリッド幾何学も脳の働きの結果としての幻覚である（このようにいうならば、当然反論を招くだろう。しかし「点」を考えれば、筆者の言わんとすることが理解されると思う。つまり「点」とは「空間が及ばない」限界概念であると定義されることを想起してほしい。つまり「点」とは面積がないのである。面積がないということは現象界には存在しないということである）。幻覚も幻聴も夢も数学的認識もすべて現実である。

　特にユークリッド幾何学はすべての人に共通する事柄であるから、幻覚と同列にするのは疑問視されるであろうが、エホバの神のことを考えてみてほしい。その神は実際には頭の中に存在し、現象界には存在しないのである。「点は空間概念がおよばない限界概念である」というのと同じで現象界には存在しないのである。この意味でユークリッド幾何学的認識（確かに論理的ではあるが、論理は幻覚ではないという論理はない）は幻覚と同じなのである。次に夢についてである。よく「正夢」といわれる夢がある。しかしよく考えてみると、正夢などというものはない。個人の勝手な思い込みであって、これも目覚めた後に睡眠中の夢を思い出しているだけである。夢も幻覚も頭の働きである。現実の視覚が優先するため、いや優先させているため現実と幻覚が区別されるのである。幻聴もまた脳の自発的働きの結果である。カントは経験的記憶のないものは純粋であるとし、数学は純粋であるとするが、カントは脳の働きを知らなかったと思う。

　脳神経（cranial nerve）は12本あり、対になって左右に別れている。8番

目は内耳神経といわれ、聴覚と平行感覚を扱っている。聴覚は脳皮質に聴覚野を持っているが、平行感覚は３つの半器官があるが、特に平行野といわれる場（ブロードマンの局在図によると）はない。脳皮質には運動野があり、さらには小脳がある。これらの３つに局在する細胞が連合して働いているものと思われる。幻覚・幻聴・夢・幾何学はすべて現実の現象から離れて、いや視覚・聴覚から離れて働くわれわれの脳の産出物である。嗅覚・味覚・触覚は刺激する対象が必要である。聴覚は対象が無くても働くのである。耳鳴りがその現象である。もちろん視覚は刺激する対象がなくても自発的に働くことは周知の事実である。

しかしどの局部が中心になっているかは不明である。視覚と聴覚は他の３つの感覚とは違い、自ら対象を、つまり幻覚と幻聴を作り出すのである。しかしながら視覚器官にとっても聴覚器官にとっても目前の現象界の対象が常に優先するのである。脳内の局部がどんなに働いても、目の前に現存する対象が優先し、外から耳に聞こえる音と幻聴音とは区別されるのである。区別されないとすれば、損傷があり異常であることになる。

カントでは形而上学の個別的対象として、神・魂・自由が挙げられるが、統制的理念としてわれわれの思索を統制するだけであるとすれば、問題ないのであるが、しかし理念は構成的でもある。したがって探求の結果、構成的であるか、統制的であるかが決定される。例えば、「神」が最初から統制的であるされるならば、探求の余地はない。つまり宗教的信念が前提になっているのである。キリスト教を信仰する人々の間では何の疑問も生じないだろうが、筆者には我慢できないことである。頭の中の確実性が外の対象に反映されると不確実となる。理念が統制的であるといっても、ある時点までは構成的である。理念が「統制的であるか」「構成的であるか」は独断的であり、傾向的な判断に基づいて立証されている。

かつてフランシス・ベーコン（Francis Bacon 1561 ～ 1626）が人間は幻像（Idola）を個人としても、集団としても作り出すといった。これは戦争において人を殺すと賞賛され、平和時に人を殺すと殺人鬼として扱われるのと同じである。経験主義の立場にあると当然のこととして生じる現象である。カントの

道徳論は上のような立場を超克できることは確かであるが、しかし人間から経験を取り除くことはできない。それは宗教に対する傾向性を取り除くことができないことと同じであるいうことができる。カントのいう宗教論では人間の感情、つまり好き嫌いを無視した宗教論になりかねない。理性では宗教は成り立たないのである。カント以後の世界を見れば一目瞭然である。筆者が述べる必要はない。人間はユークリッド幾何学にみられるようにイドラを想出する生き物である。イドラにはドラゴン、キリン、グリフィン、シシ、メドゥサ、エホバ、ガブリエル、アッラー、幾何学的認識も属する。ある意味では人間の幻像を作り出す能力は賞賛に値する。それだけに幻像（幻覚）には注意深い観察が必要である。幻覚と実像との区別は難しいが、それを避けて通ることはできない。何かを判断基準にしなければならない。物質と物質から引き出されるものを原則にして判断をせざるを得ないのでないだろうか。

平成 25 年 9 月 27 日

第二十五論考　STAP（stimulus-triggered acquisition of pluripotency＝刺激惹起性多能性獲得）細胞

　「地中海に若返るクラゲがいる（現在では地中海以外にも生息する）」ということをあなたは聞いたことがあるだろうか。筆者は10年以上前に眼にした。何かの本を読んでいるとき眼にしたのであろうが、想起することが出来ない。時々思い出しては考えていたが、今日まで結論は出なかった。このようなことはよくあることで、例えば、「1＋1＝　」というような問いを時々思い出しては考えるというようなことは若い時からしばしばありました。「若返るクラゲ」（真称：紅クラゲ）もそのような問いの1つであった。

　生命体は誕生から死までの直線的運動である。よく火のついた蝋燭が最後には燃え尽きると喩えられることがある。つまり若返るとは途中で蝋が付け加わり長くなるということと同じである。「若返り」は現在の生物学においては遺伝子に含まれてはいない。遺伝子（染色体のテロメア telomere といわれる部分、この部分の長短で命の長短が決まるといわれる）に含まれるのは「死」であり、アポトーシス（apoptosis）といわれ、これに対して病気とか事故とかによって偶然に死ぬことはネクローシス（necrosis）といわれる。将来のことは判らないが、現在、「若返り」を惹起する遺伝子は発見されていない（ホルモン中の NMN ホルモン ＝nicotinamide mononucleotide がその働きをするといわれている）。

　生命体は遺伝子に操作されていると考えるのが普通である。その意味で「死」は決定されている。外的原因が無い限り人間は約120年の寿命と規定されているといわれている。もっと具体的にいえば、生命体は生まれてから最盛期に達した後、その6倍生きるといわれている、つまり20歳で最盛期に達すれば、その6倍生きるといわれるので、120歳まで生きるように遺伝子に組み込まれ

第二十五論考　STAP（stimulus-triggered acquisition of pluripotency＝刺激惹起性多能性獲得）細胞　*75*

ているといわれている。しかし、何らかの原因で「若返る」とするならば、生命体の限界はより先へと延びるのである。

　今までの生物学では、誕生すれば、若返ることなく、必ず老いて死を迎えるものであるという決定論が支配していた。iPS 細胞は細胞に遺伝子を組み入れて幹細胞を作り出すのであるが、STAP 細胞は自然現象で幹細胞が生成するという発見である。

　筆者は科学者でもなければ、実験者でもない。ただ頭の中だけで考えているだけである。しかし今回の STAP 細胞は「若返るクラゲ」の問題に解決策を与えてくれた。つまりクラゲに刺激を与える物質または現象があればよい。例えば、火災が原因となって子孫を増やす植物があるし、また電気的刺激を受けて発芽する茸がある。自然界の刺激を受けてクラゲは幹細胞を創りだし、全体的にであっても、部分的にであっても、自己の体内で古い細胞と新しい幹細胞を交換すればよいのである。あるいは細胞シートのように古い細胞を手助けするものであってもよいのである。自然界にあってはすべてのクラゲが刺激を受けるとは限らない。また同じクラゲが何度も刺激を受けるとはかぎらない。刺激を受けずに死んでいくクラゲがいてもよいし、数回刺激を受けて長生きするクラゲがいてもよい。自然は不確定である。自然そのものは、頭の中の法則ではない。因果関係と因果律は違うのである。自然界に法則として目的論もなければ、因果律もない。あるのは当該物の状況、つまり「時」と「場」の状況の中で相互作用し、結果が生成するのである。自然淘汰（natural selection）は必然であっても偶然を拒否する理由にはならない。STAP 細胞は酸を刺激物とするというが自然界にはいままで誰も思いつかなかったことがあってよい。自然界にはそのようなことがよくあるのである。これからも多くのことが発見されるであろう（第三十七論考を参照）。

平成 26 年 2 月 4 日

第二十六論考　　脳

　植物には脳が存在するだろうか。以前に剪定した植木職人、または枝を切り取った人が近づくと激しく電流が流れるという。植物に目があるとも、触覚があるとも考えられないのであるが、眼の見えない人が脳内に像を描くことができるともいわれている。事実一般人でも睡眠中に夢をみることを考えるならば、植物の内部であたかも脳を持っているような現象があっても不思議なことではない。生命体の進化を振りかえって見れば、現在の人間にあることはかつての単細胞の生命体にもあったと考えられる。かつて無かったものが現在は存在するとも考えられる。ニュートン（Newton）が述べたように、自然には現在の人間でも考え及ばぬことが存在するのである。

　メソポタミアに始まる自然哲学に大変革を齎したのはソクラテスであった。ソクラテスは紀元前 399 年に亡くなった。ソクラテスに遅れること 20 年、すなわち紀元前 379 年に、西洋医学の創始者といわれるヒポクラテスが亡くなった。そのヒポクラテスは、われわれ人間の営みが、すべて脳の働きの結果であることを『神聖病について』という筆作の中で述べている。ソクラテス以後哲学研究の対象に自然と同等に人間も含まれるようになった。近代となり、人間の主観が強調されるようになった。人間の主体性が強調され、自然が無視されるようになった。その反省から「間主観」（Intersubjektivität）という媒介概念が提起されるようになった。

　人間は単細胞からの進化の過程で筆舌しがたいほどの多くのものを獲得した。「信じる」という行為もその 1 つである。子が親を無条件に信じるのは人間だけではない。絶対者を信じるのは人間だけかもしれない。人間は古くから神を信じてきた。今なお信じているし、将来も変わらないと思う。人間から神を奪いとることはできないようである。歴史的にみれば、「神は死んだ」ことはない。いつでも「神」は現存している。「信じる」という生得性ほどでは

ないが、人間にとって解決を迫る問いがある。それは「人間は自然の一部なのか、それとも自然とは違う存在者なのか」という問いである。近年、地球温暖化ということで人間は自然の一部であるという考えが優位を占めているようであるが、類としての人間が結論を出しているわけではない。「信じる」ということは生得的であるゆえに人間から切り離すことは不可能である。「信じる」ことは、たとえ「イドラ」（idola）といわれても、われわれ人間を構成する重要な要素である。自分の殻を破ることができず「デカルト的二元論」に浸っている人々が多くいる。

　自然界には正三角形も正方形も長方形も存在しない。人間は「神の世界は完全であり、間違いを犯すことはない」と勝手に考えてきたし、現在もそのように考えている。本当であろうか。筆者には理解できない。そのように考えることによって、人間は自分の世界を不完全化し、自分の不完全を神の助けで補おうとしてきたし、また現在でも多くの人は補おうとしているのである。自然は常に近似的であり、おおまかであり、不完全である。われわれ人間が不完全であることは自然の一部であることの裏づけである。したがって、脳も物質であることの裏づけであり、不完全であることになる。脳の局在論はガル（Gall）の骨相学（phrenology）に基づき、ブロードマン（Brodmann）によって完成されたのである。それまでは脳は1つの統合体として考えられていたのであった。いまだに脳が1つの統合体なのか、機能局在なのかは結論が出ていない。ただいうることはいくつかの部分が相互作用し、機能していることが理解されている。例えば、視覚は20か所以上の部分が相互作用しているといわれている。このことから結果として、脳が不完全であることが理解される。だからといっても完全な神の世界が存在するということにはならない。

平成 26 年 2 月 25 日

第二十七論考　　自然界の相互作用

　英語を学び始めて間もない人は、日本語の「相互」を表す語として「each other」とか、「one another」という英語を想起するであろう。「each other」は「2つのもの者・物」の相互を表し、これに対して「one another」は「2つ以上の者・物」の間の「相互」を表すと教えられる。しかしながら自然界の相互作用は「1」対「1」で作用するのか、「1」対「多数」で作用するのか、「多数」対「多数」の相互作用なのかは明快ではない。数学の「1」は、量は捨象され、純粋な形式として定義付けられている。しかし自然数の「1」はその都度定義つけられて使用されなければならない

　われわれ人間は約60兆の細胞（1839年にドイツ人のTheodor Schwannが生命体は細胞から構成されると主張したといわれている）から構成されているといわれる。1つの細胞がいくつの分子から構成されているかは不明である。細胞は構成する臓器によって異なるから、異なる細胞であっても同じ分子から構成されると思われるが、ときには異なる分子から構成されると想像される。また1つの細胞がいくつの分子から構成されるかは現在では不明である。いずれ解明されると思う。

　60兆の細胞が相互に作用するとか、また一定の数が集まって塊を作り、ある塊とある塊が相互に作用しあうということもあるであろうが、分子の次元で相互作用するということもある。例えば、ミトコンドリアはクレブス（別称.トリカルボン酸）回路において、ピルビン酸の一個の分子を、膜を通して取り入れ、17の分子を放出し、生命体の運動に必要なエネルギーを放出する。もちろん、ミトコンドリアは、自分が創出したエネルギーを自己自身の運動のためにも使用するが、寄生する細胞の運動にも、ひいては生命体全体の運動のエネルギーを創出するのである。ミトコンドリア内部のクレブス回路での反応は、生命体維持のために反応することを目的にしているかどうかは不明である

が、（例えば、この地上で一番最初に酸素を作り出したストロマトライトは酸素の供給を目的としたのではない。100％の酸素は生命体にとって毒なのである。ゴエモンコシオリエビは酸素を嫌う生物である）生命体の全細胞に寄生するミトコンドリアは全体として生命体を維持しているのである。しかしこれはあくまでも結果である。

　ミトコンドリアの膜を通過してくるピルビン酸は、ミトコンドリア内の羽のようなものの回転運動を介して、ミトコンドリア内に取り入れられ（同時に酸素も取り入れられる。それが皮膚呼吸といわれるのである）、クレブス回路の中で、カスケード反応をし、アデノシン２リン酸（ADP）からアデノシン３リン酸（ATP）を作り、ATP から ADP に戻る反応（分離）のときにエネルギーを創出するのであるが、そこに目的論があるともいえないし、ピルビン酸の不足の理由は自然淘汰論に含まれるとも考えられない。なぜならば、ピルビン酸の不足の原因は必然的ではないから、それだけで自然における生命体の生死を論じることができないからである。

　目的論（アリストテレス）も自然淘汰論（ダーウェン）も生み出された時は分子論が出される前のことであった。そのため個々の生命体の内部の必然性は考察されることはなかった（例えば、アポトーシス）。というよりも現在は分子（または量子）の関係に必然性を見いすことはできない。イオン結合は必然性できまるのではなく、偶然性に依存するからである。例えば、塩と水との関係は親水性と疎水性を欠かすことができない。さらには他の条件（例えば、水と外気の温度など）を加味しなければならないのである。

　死者を棺桶に入れて埋葬すれば、骨が残っており、瓶（かめ）に入れて埋葬すれば骨は溶け、液体になるといわれている。つまり化学用語でいえば、すべてが水素に戻るといわれているのである。化学における原子記号表の１番先にある水素に至るのである。これを裏返せば、この宇宙における物質は水素を物質の第１の構成要素としていることが理解される。

　水素原子が２つ集まってヘリウムとなり、重水素となり、水素の特色を失うことがないが、最初のものとは違う別の性質を獲得している。水素以外のものと結合し、その結合物と他の物質と結合して、元の性質を残す場合もあれば、

親和性によって元の性質を失ってまったく別の物質となることもあろう。分子の結合と離散は常に途中であり、言い換えれば現象界は結合と離散だけがあり、われわれ人間が流れを区切って、名付けて、たとえば少年、青年、老人という名で呼称する。分子の結合の最後は不明である。生命体となることもあるであろう。また単なる物体となることもあると思う。分子の結合と離散は常に途中であり、言い換えれば、現象界は結合と離散だけが有り、終わりはない。途中はわれわれ人間が下した結果なのである（ヘラクレイトスのパンタ・レイの拡大解釈のような気がする）。誕生も死も物質の生成という視座からすれば、すべてが過程であり、結果ではない。われわれ人間の妥協した慰みでしかない。現象界には終わりは無い。現象は生成と離散があるだけであって、永遠に繰り返すだけである。ここで論点を変えよう。

　自然界には善もなければ、悪もない。あるのは過程の顕在した一面だけである。潜在的なものは判断しようがない。つまりわれわれ人間が判断して、善であり、悪であることになる。われわれ人間が現象を独断と偏見で判断していることになる（荘子のいう樗の木が想起される）。しかし自然界の現象を判断するのは人間だけではないだろう。一般に動物もまた植物も自分にとって有益なものを善とし、不利益をもたらすものを悪とし、その事象を避けるであろう。動物も植物もその判断の根拠を求めることはないだろうが、人間だけがその判断の根拠を求めるのである。その根拠がわれわれの中に、または外に求めるのであるが、最後には外に、つまり創造者を想定し、それに正当性を要請し、神の創造を承認し、善悪の判断基準とする。最後に人間の判断を支えるものは神なのである。宗教の行き着く結果である。これは人間が「信じる」ということを性癖としていることを示している。「信じる」ということは「信じない」ということの裏返しであり、善と悪が表裏一体であることと同じなのである。この二面性が人間を構成し、宗教の根拠となり、今なお人間にまとわりついている。人間を拘束するのであるが、否、人間が自分を拘束するものを存在させ、自分をそれに従属させることによって、充足感を獲得し、安心するのである。この関係を色々な詭弁を呈して論じてきたのが神学であった。

　神を論理で証明するのではなく、体験で証明しようとする人々、つまり神秘

主義は、現在でも存在するが、個人の体験をすべての人に妥当するがごとく主張するのである。個人の体験を論理的に展開するが無理があり、平和を求めて戦争するのと同じ論理に落ち着くのである。人間は知性だけで生きているのではなく、また感性だけで生きているものでもなく、両者の筆舌しがたいバランスの下で生きているのである。

　以上のことから、自然には善もなく、悪もなくわれわれ人間が判断していることは明らかであろう。自然には過程があるだけで、始めもなければ、終わりもない。神の天地創造も、プロチノス「一者」もわれわれ人間が想像したものに過ぎない。またビッグ・バンも天文学者は事実であった如くいうが、いまのところは仮説である。単に想像の産物でしかない。本当の宇宙の始まりを知ることができるかどうかはまったく不明である。反物質も、ブラック・マターも宇宙の始まりを解明できるかどうかは不明である。将来のこととはいつのことであろうか。話はもどそう。

　自然という現象界は相互依存して成り立っているのであるが、「1」対「1」なのか、「1」対「多」なのか、「多」対「多」なのかは確かめようがない。原子、電子、中性子、分子等がすべての物質に共通する量をもっていることはありえない。たとえ真理という大海を目前にして戯れる子供であっても、人間は真理を探究するという知的好奇心を失うことはないだろう。

平成 26 年 10 月 6 日

第二十八論考　　あるべき経済

　北宋の時代の王安石（1021 ～ 1086、　一時宰相を務める）が「而尤以道徳経済為己任」と述べたといわれている。現代風に翻訳すれば、「自分の任務は、道徳と経済のことを配慮することだ」ということであろうか。経済とは「経国済民」、つまり「国を治め、民を救う」の短縮形である。為政者もしくは支配者が臣民または国民を操作するための一つの術語であった。中国の歴史を研究する人々の間では、宋の時代は近代の範疇に分類されるといわれる。宋の時代はヨーロッパではまだ中世であった（ヨーロッパの近代はルターの宗教改革に始まるという説と「三十年戦争」以後に始まるという 2 つの説がある。またイギリスではヘンリ 8 世と娘のエリザベス 1 世、つまりイングランド国教会に、後に産業革命を導いた「囲い込み（enclosure）」運動に始まるという説がある）。ヨーロッパに「経国済民」という概念があつたどうか、筆者は確証をもてない。例えば、エリザベス 1 世の「救貧法」、ビスマルクの「社会法」などには「経国済民」の意思は感じられるが、メディチ家に関する書物では「経国済民」は確認できない。イタリアが国家となったのは 19 世紀の半ばであることを考えれば、またハープスブルク家の歴史を顧みても「経国済民」という概念を確認できない。

　古代のギリシアのアリストテレスは確かに経済のことは論じているが、「経国済民」ではなく、「家政」である。ギリシアでは家政を担ったのは奴隷であった。ローマの奴隷も、アメリカの奴隷も形の上では多少の差異はあったとしても、支配者、主人の収入を支えたのが奴隷であった。マルクスが顕れても名を変えた奴隷制度（つまり農奴制度）は続いた。もちろん現代では制度として奴隷は消えているが、金銭での奴隷制（所有と被所有という関係での主従関係ではない意味での）は存在するといってよい。人間の欲望は金銭に還元され、それによって評価されることから、拝金主義はなくなることは考えられな

い。拝金主義といわないでも、金銭に束縛されることが自由であると勘違いする人はいないだろうか。「アメリカンドリーム」とは全面的ではないとしても金銭の奴隷になることを言っているのでないだろうか。

ジョン・ケインズ John Keynes（1883 ～ 1946）の経済理論が現れることによって従来までの経済は方向転換した。ケインズ理論はローズベルト（Roosevelt）にニューディル政策を想い着かせた。もちろん、ニューディル政策は表て向きは為政者、支配者の政策であったが、内容的には一般の国民にとって有益な政策であった。この政策以来、国家が表立って一般国民のために経済（「経国済民」という意味ではなく）を運営するようになった。否、むしろ国民から国家に対して要請するようになった。近年になって国民の要請を無視し、為政者になることが不可能になった。このような状態は善悪を超えて行われるのであるが、過度にならないように国民が配慮しなければならないのである。

マルクス、レーニン（Lenin）、毛沢東と歴史上有名な人物とその人の思想を省みてみると賛同する部分が多いのであるが、しかし結果としてすべては極端であるか、一面的である。人間には知性と感（性）情あり、短期的には極端を好むのであるが、長期的には極端を嫌う傾向がある。人間の豊かさと満足さとが認められるのは金銭面だけではない。もちろん、金銭は大切であるが、よく言われるように、「足る」を知った人間が幸福であるように思われる。自分が幸福だから、他人は幸福であることにはならない。われわれは他人の幸不幸は理解できない。否、他人の幸福を願いつつ、他方で他人の不幸を喜ぶという二面性を持っている。理念としては「福徳一致」ということがあるが、この理念は統制的理念といわれるもので、規範として働くのである。なぜならば、人間の欲望は限界を知らないから、歯止めをかける必要があるからである。しかし、カントのいう統制的理念は現実の拝金主義を前にして無力である。人間は色々な立場から、特に宗教的立場からカントと同じ立場には立てないのである。

われわれは何を持って「足る」を知ることができるのであろうか。知性だけでは「足る」を知っても欲望は納得できないだろう。欲望は無限であり、知性で反省することによって欲望を抑えることを知って「足る」を考えたことにな

る。しかしその「足る」を自覚して初めて「足る」を知性と感情で知ることになる。よく言われるように、諦念が必要である。諦念を持つことは拝金主義の下では敗者と思われることもあるであろう。むしろ逆に勝者であるとの認識と自覚（克己したという自覚がなければ、卑屈が残るだけである）が必要である。つまり欲望を抑制できることに自負を感じなければならない。歴史上偉人といわれた人々は欲望を抑制できた人々であった。この諦念を持つことができれば、仏教で言えば「悟る」ということになるかもしれない（菩提達磨にいわせると、諦念することは物欲のあることであるから、諦念そのものを捨てろというであろうが、凡人にはできることではない）。欲望を抑制する過程は大変複雑で人間の知性と感情の陶冶と成長が必要であることはいうまでもない。「悟る」という次元までいかなくても、われわれにとって、それは追求する価値があるかもしれない。追求できないならば、カントがいう統制的理念として、つまり規範とすることも１つの生き方であろう。

　かつては国の経済政策と個人の家政を切り離して考察することは可能であった。しかし第二次世界大戦後、特にここ30年ぐらい前から、先進国においては両者を切り離して考察することは不可能となりつつある。将来、両者は一段と密になるであろう。また１つの国家の経済は他の国家との関係で考察されなければならない。個人の家政という視点から経済を見るならば、国家の経済運営は、健康保険、社会保険、人口問題などとの関係で切り離して考察することはできない。経済は、「経国済民」という意味を失いつつある。つまり為政者が一方的に国民に押し付けるものではなく、むしろ国民の側から為政者に要請・要求するのが経済であるようになっている。国と個人は複雑に絡んでいることは事実である。「人民による」政治は理想である。人間は知性と感性を持ち、多面的でもあり、気まぐれでもあり、わがままでもあるから、理想は理想で終わる可能性がある。しかし人間は善を求める特性を持ち、自分を陶冶し成長させることができるから、人間を信じることにしよう（第四十四論考を参照）。

平成 26 年 10 月 20 日

第二十九論考　　経　　　　験

　世界の人々は、特に先進国における人々は金銭的に豊かになるにつれて、さらに金銭的豊かさを求めて大学に行くようになったし、なっている。大学の門は広がると共に、学問は深化している。特に為政者たちは自国の優位考えて、すぐ金になる学問をも求めるのである。この傾向は為政者においてばかりではなく、一般の人々にもみられるようになっている。役に立つ学問を修め、その成果を国力とみなし（例えば、ノーベル賞の数で判断すること等）、他国に対する優位を保てると思うようである。学生の知的経験がお金になる（例えば、就職のこと、また大学の世間的評判などを考えてみてほしい）。しかし学生の学問的経験は一様ではなく、年々複雑になりつつある。学生の学ぶ時間はだんだん長くなり、学問は深化し、学問的経験は金銭と結びつかなくなっている。したがって、目先の金銭を求める人々は学問の選択を行うのである。世界的傾向として金銭と結びつかない学問は軽視されるようになっている。

　経験とは脳が体験したことを認識し、かつまた体験なしに脳それ自体が経験したことを、意思的に、また無意識的に認識していることを「経験した、経験している」という。したがって認識にも何種類かはあるがここでは考察しにしないことにする。

　カントの哲学は「超越論的」（transzendental　古くは「先験的」という訳語が使用されたが、近年では専門家たちの間ではこの訳語が使用されている）であって、カント自身は自分の哲学はアリストテレスの哲学とは違うという。カントにいわせるとアリストテレスの哲学は「経験論」であると批判している。自分の哲学は普遍的であるが、アリストテレスの哲学は個別的であるとする。しかし、現代では感覚で捉えることのできない世界があることは誰でも知っている。この意味でカントの認識論は古い。もう少し詳細に論じてみよう。

カント自身は自分の使用する術語の一つひとつを吟味しているわけではない。特に認識論で使用する術語、理性（nous）、悟性（dialogos）、感性（aisthesis）はプラトンからの借り物で、プラトンの二元論を自分の二元論を対比することもなく、展開している。

カントのいう純粋理性は対象が経験界にないときに働く推論能力であるとする。理性は理論理性と実践理性とに分類される。悟性は経験を可能ならしめる能力で、われわれの思惟形式として働くのであるが、純粋悟性を基盤として働くのである。感性は認識内容として、個別の表象を受け取り、構想力の助けを借り、悟性の形式と一致して認識、つまり経験が成り立つというのである。3つの認識能力は何をメルクマールとして分類されるのかは不明確である。認識した後でこの対象は経験界にあるが、あの対象が経験界にはないということになってしまうのである。より具体的にいえば、神は経験界にはいないとか、魂は経験界にはいないとかは何を根拠にして主張するのであろうか。つまり神や霊魂は形而上学の対象であって、形而下の対象ではないというのであるが、カントは最初から神や霊魂は形而上学の対象であると前提していたのである。理性は推論する能力であって、構想力も推論する能力である。どこに違いがあるかといえば、理性は現象界を超えた対象にかかわり、構想力は現象界の対象に係るとカントはいうのであるが、われわれが現象界にあって、現象界にない対象と係るということが可能であろうか。ありえない独断である。カントによれば、神は現象界にはいないから認識は不可能であるとするが、要請は可能であるとする。しかし、神は体験できるから神は存在すると主張する人々がいかに多いかは筆者（筆者は要請もしない）がいうまでもない。認識はどんな認識であってもすべて推論である。カントは感性（五感の総称）を関して内容としての対象が受容されるというが、受容されない対象がいかに多いかは筆者の言い分を待つまでもない。脳の介在なしに成立する認識は存在しない。また受容されたとしても、現在の脳科学での機能局在論で、理性、悟性、感性の場を特定することは不可能である。いつかは解明されると思うが。理性、悟性、感性という認識能力は後から対象を目前にして便宜的に分類されたにすぎないのである。カントはこれらの能力は最初からわれわれに備わっていたかのように前

提しているが、1つの認識能力（つまり脳の能力）を便宜的に分類したにすぎないのである。脳はわれわれにとって最も複雑な器官であり、その解明には多くの人々が係っているのである。

カントのいう経験とは別の意味の経験は存在しないのだろうか。カントの時代に経験できなかったことを現代ではいろいろな道具を使用し経験できるようになっている。むしろ道具を作ることが難しい。科学の、いや学問の進化は道具を作ることにあるといってもよい。素粒子などに関しての経験、数学上の経験、夢の経験、宗教上の体験も経験であり、われわれは独断的に経験しているのである。

人間は成長する。そのためには経験を必要とする。多ければ多いほど人間は成長する。「これでよい」ということはない。人間は自ら進んで、また他人に強制されても、経験を多くすることはよい。もちろん、自分の経験を自分の世界のみにとどめることなく、広げることができるならば、それに越したことはない。しかし、「1を聞いて10を知る」という孔子の格言があるが、そのような人はまずいない。1を聞いて1を知ることができればよいほうで、ほとんどの人間は1を聞いても1を知ることができないのである。経験の中身は大切である。経験を生かす能力のあるほうが良い。経験を多くするが、その経験を広げる能力のない人はいる。経験を多くしているが、それだけで終わっている人はいる。つまり自分の経験の枠に閉じこもっている人はいる。経験は個人の能力に相応しいものでなければ、無駄ということもあり、逆に個人を害（例えば、トラウマを形成）することもある。しかし経験が無いよりは、多くの経験があったほうが良い。成長の機会が多いほうが良い。「平等」とは統制的理念であるが、「機会均等」は個人の能力次第である。機会均等は個人の能力を前提にする。機会均等は一見したところ不平等には関係がないように思われるが、事はそれほど単純ではない。世界は不平等から成り立っている。個人の能力の差は個人の意識にあるともいうことができる。

平成 26 年 10 月 31 日

88　一筆啓上　つれづれなる論叢

第三十論考　　区別と差別

　受精卵の時点では雄か雌か（人間ならば男性と女性）は決定されていない。母親の胎内にいるとき、性腺が働き、初めて性が決定される。このときに不平等が生じる。動物（人間）は生まれながらにして、「平等」でなく、「不平等」なのである。筆者が例を挙げるまでもなく、皆さんが身の回りを見渡すだけでこのことを理解するであろう。「平等」はカント哲学の術語で言えば、「統制的理念」であって、経験をこえて推論されたものであり、認識可能、いや経験に基づいて構成できるような理念ではない。「構成的理念」とは探求すれば、探し求めることができるようなもののことをいうのである。ゲーテがいう「原植物」のようなものである。ゲーテを引き合いに出すことは野暮であるから、別の例を挙げよう。

　例えば、裸眼で水素原子を考察することはできないが、人類は懸命に努力して原子を考察できるようになった。ある時点ではまったく不明なものであったが、いまは明確に理解できるようになった。このような過程で明らかになったものが、かつては「構成的理念」であったというのである。もちろん、現在でも「構成的理念」と呼ばれるものはたくさんある。話を戻そう。

　「区別と差別」を考察しようとした直接の原因は、アメリカの黒人の暴動である。黒人の少年が白人の警官に射殺され、その警官が起訴されなかったことが原因であると報道されている。「これはアメリカの深層の問題である」といった人がいました。しかし筆者はこの考えには賛成できない。筆者は人種の差別問題はもっと人間の奥底に係る問題であると考えている。全面的ではないとしても性差とも深く係っているのではないかと考えている。

　人間は知性と感性をもち、一方が他方に影響し、鋭敏化（sensitization）することも鈍感化（insensitivity）することも可能である。両者は分離しているように思われるが、実際は分離していない。人間で言えば、両者は１つとな

り人格を形成するのである。論争は単なる論争ではなく、憎悪を生み出し、表面的に冷静を振舞い、内面的には殺意を持ち、殺戮にいたる場合が往々にしてある。そうなった原因は非常に単純で感情の行き違い、つまり単に好き嫌いであったということもあるのである。

　古代ギリシアにおける奴隷、古代エジプトにおけるヒクソス（ジプシーまたはロマ）、ヨーロッパにおけるユダヤ、アメリカにおけるインディアン、日本におけるアイヌなどの問題は、人間が平等であったことがないということを示している。

　第一回オリンピック大会は紀元前776年に開催された。古代ギリシア人はバルカン半島の北部から南下してきた人々であった。新旧に分けられ、最初に南下した人々はアテナイを中心にした。新しく南下した人々はスパルタを中心とした。この2つの都市国家は主たる都市国家であり、対ペルシア戦争のときのデロス同盟には約200の都市国家が参加したといわれている。理由は様々であったと思うが、ギリシアでは戦争が絶えることが無かったといわれている。このように戦争を常態としたギリシアに平和を齎したのがオリンピック大会であったといわれている。地球規模で見るならば、戦争は絶えたことはない。人間はいつでも区別と差別をしている。人間は常に、個人であっても集団を作っても、不平等であるし、あろうとする（ここで相手が人の場合は「争い」とし、国家のときは「戦争」という術語を使用する）争いと戦争は色々な理由で生じるであろう。好き嫌いの感情と欠如感が第一の理由であると思われる。いずれにしても知性ではない。知性では争いも戦争も避けるべきだと思っているであろう。しかし感情では避けることはできない。われわれ人間は平和を獲得するために、争いまたは戦争をするのである。この矛盾を解決できれば、つまり知性と感情とを助け合うという状態にできるならば、望ましい状態を獲得できるであろう。

　しかし最初にも述べたように、知性と感情は現象界にあっては、空間と時間という媒介者を仲介することによって千変万化するのである。つまり留まることなく変化するのである。自然は生成消滅してこそ自然である。人間も物質で構成されているから当然生成消滅する。知性も感性も同じである。ただ変わら

ぬものは人間が考え出したものだけである。つまり想像物だけは自然の法則から開放され得るのである。想像力は物質の支配を受けるから、物質の変化に伴い変化するのである。人間の外面も内面も変化するのである。

　われわれ人間が区別したものは時間空間にしたがって、さらには自然法則にしたがって変化する。当然差別されたものも変化する。人間の成す差別は区別を前提し、人間は両者に親和性を持たせ、両者を結びつけるのである。人間は個人として独断と偏見を持ち、また集団を作っても同じものを持つ。フランシス・ベーコンの偶像説が想起される（ここでは深入りはしないが、ベーコンによると人間は種族の偶像、洞窟の偶像、市場の偶像、劇場の偶像と４つの偶像を持っているという）。宗教家にいわせると、神の姿は見えず、神は人間のために使者を遣わし自分の意思を人々に伝えたという。使者とは仲介者であり、アブラハム、ノア、モーセ、イエス、ムハンマドなどであった。人間は集団を作り、大きい集団は小さい集団を抑圧し、または略奪し、ときには奴隷にし、ときには殺害した。特に異教徒に対しては厳しく対処したのであった。いままでのアメリカ政府の為政者たちは指を銜えて傍観していたわけではない。例えば、最近エボラ熱でしばしばマスコミで取り上げられるリベリアは黒人をアフリカに帰還させる場所であった。アメリカで奴隷から解放され、アメリカに根づいた人々は容易にはアフリカに帰らなかった。インディアンの問題も黒人の問題もアメリカ内部で解決しなければならない問題であるが、単にアメリカだけの問題ではない。区別と差別の問題は人間が知性と感情を持つが故に、容易ならざる問題である。区別が区別の次元にとどまっているならば、問題はないのであるが、区別は差別とすぐに結びつくからである。結びつかないようにするためには人間の成長を待つしかないのであろうか。区別と差別の問題は統制的理念であるが、差別は現象界における事柄であるから解決は何らかの方法で可能であると思う。

平成 26 年 11 月 27 日

第三十一論考　自己意識（Selbstbewusstsein）

　前に統覚という題で考察したが、もう一度考察することにした。
　カントの意味で使用するときは統覚という術語を使用するが、そうではないときに自己意識という術語を使用する。

　カントによれば、統覚とは認識（経験）され得ないもの、つまりわれわれ人間が想定し要請するしかない自我である。最も根源的で、あらゆる認識を運ぶもの（Vehikel）で可能ならしめるものである。この統覚は認識の対象としては「先験的対象X（der transzendentale Gegenstand X）」とされる。ここで困難が生じる。カントのいう意味で、経験を経ていないものはすべて幻想である。カントはただし直観の形式である時間空間を経たものは認識されるというのであるが、カント自身が時間空間は「私」の時間空間であって、客観性がないことに気づいていなかった。気づいていたかもしれないが、明確ではない。カント哲学にとってもう１つの重要な概念がある。それは「物自体」という概念である。この概念も認識されないという。われわれがあるものを認識したときは、認識したと意識したときは時間が経過しているから、あるいは空間が違っているから、それ自体を認識したことにはならない。自然は一瞬も止まることはない。常に流転しているから、それ自体を捉えることはできない。しかし頭の中にある純粋なものは捉えることはできる。しかしそれはカントによれば悟性と感性を介していないから認識できないことになる。時間空間は一見客観的なものと思えるが、実際は私的なものであり、普遍的認識はできない。このような状況では普遍的な認識は不可能である。カントの認識論は破綻することになる。

　現象界には変化しないものは存在しない。変化しないものとは、われわれ人間によって想像されたものである。正三角形とか正方形といったものである。

われわれ人間は物質で構成されているから、生成消滅する。自己意識も生成消滅する。カントでは統覚は生成消滅しないのであるが、しかしわれわれの自己意識は自覚であり、われわれの認識を可能ならしめるものであり、神ではないのであるから、生成消滅する。自己意識は霊魂と同じくわれわれに内在するものであるから生成消滅する。なぜならば自己意識も霊魂も「私」のものであり、「私」の意識であり、霊魂であるからだ。

　カントは認識の対象としての神、霊魂、物自体などを不可知化しようとした。その背景には宗教的環境があったものと思う。カントが生まれる約80年前に「三十年戦争」が終わっていたが、ドイツ国内が戦場となっていたため宗教家たちの間ではかなりの軋轢が残っていたものと思われる。当時の東プロイセンのケーニヒスベルクも同じ状況であったものと思われる。カントは宗教的宥和、妥協を考え、宗教的和平を求めて、宗教的独断に対して、神は認識の対象ではなく、信仰の対象とすることによって、人々に宥和を求めたのではないだろうか。神の不可知だけで終わるとよくないので、自我も不可知とし、物自体という概念を引き合いに出すことによって、さらには宗教的独断論に対して経験という概念を出すことによって、宗教的宥和を求めたのでないだろうか。

　カントによれば認識（経験）は形式と内容との一致で成り立ちというが、形式を表す場が脳の一部にあるとは考えられない。また認識の内容といわれる感覚の情報を表すものは情報伝達物以外には考えられない。神経の情報伝達は蛋白質の一種のキネシンとダイニンによって行われる。ニューロンにおいては情報伝達物質がシナプスにおいて電気、化学、電気といった作用で情報が伝達される。簡単にいえば、カントのいう形式も内容も脳の中で操作または加工され発現するのである。確かに脳の中だけで想像されるものは形式であるように考えられる。カントによると、数学は直感の形式だけで成立するというが、確かにユークリッド幾何学には妥当するかもしれないが、内容を伴って成立する非ユークリッド幾何学には妥当しない。形式ばかりではなく、感覚情報もまた頭の中で想像されるのである。脳は機能局在し、しかも一か所で可能となるのではなく、必ず数か所が働くのである。例えば、視覚は20か所以上の働きを介

第三十一論考　自己意識（Selbstbewusstsein）　*93*

して成立するといわれている。しかも情報伝達物質の量は一定でなく、考える
対象によって違うようである。また前のシナプスは後のシナプスに一旦放出し
た情報伝達物質を回収することもあるいわれている。いずれにせよ現在の状況
では脳の働きを十分に説明できるほどには至っていない。「形式と内容の一致」
ということの可能性はないと思う。カントにおいては認識能力が理性、悟性、
感性と分類され、理性は道徳に係り、悟性と感性は認識に係り、悟性の制約を
うけ、感性に属する構想力よって、認識は可能となるというのである。理性の
推論能力と構想力の能力は便宜的には分類されるが、想像するということでは
同じであり、脳のどの部分の働きによるかは全く不明である。そのような分類
の根拠がある訳ではない。カントは対象を分析確認し、後から便宜的に理性・
悟性・感性による対象（または像）と名づけたにちがいない。

　われわれの認識は脳の働きで可能となる。脳に記憶されていないものが認識
の対象となることはない。１ミリ秒でも先に頭に記憶されていればよい。脳の
情報伝達はミリ秒で行われる。まばたきより速いと考えてよい。脳に記憶され
ているのを確認し、または再確認して、分析的に、かつ総合的に認識し、さら
には拡大する。カントによれば、認識は記憶されている場合は構想力によって
拡大する。それは経験的であって、transzendental ではなく、ア・ポステオ
リであるとする。純粋であればア・プリオリであるとするが、頭のなかに無い
ものは現象化されることはない。前頭前野は確かに知的認識を可能ならしめる
箇所であるといわれるが、無から拡大することはない。認識は脳内に記憶され
ているものを分析し確立し、そして総合し、新たなる認識を確立する。認識は
分析と総合を表裏として成り立つのである。

　デカルトとカントを比較すると、カントの特色は人間の自発性（Spon-
taneität）を強調したことにある。カントの認識論における自発性と道徳論に
おける自律は、結局のところ統覚の自発性を起因としている。しかしこれだけ
では統覚がなぜ自発的なのかの説明にはならない。われわれの認識は抹消から
脳へと上向きの神経と、脳から抹消へと下向きの神経がある。情報は蛋白質の
キネシンとダイニンによって移動する。三大栄養素の中で、自発的に結合し、
作用するのは蛋白質だけで、その蛋白質はアミノ酸で構成され、アミノ酸は自

発的にポリペプチドを形成し、蛋白質となる。この蛋白質がわれわれに自発性をもたらすのである。蛋白質の不足はわれわれを非活動的にするといわれている。われわれ人間ばかりではなく、動物にとっても食事はいかに大事かを教えてくれる。カントのいう統覚の自発性は蛋白質の自発性に支えられた自発性なのである。

　頭の中の神経、つまりニューロンでは事情は異なる。ニューロンどうしはシナプスという場を借りて情報伝達をする。2つのシナプスは間隙を持ち、電気的作用、科学的作用、電気的作用という連続を繰り返すことによって情報伝達物質を移動させる。伝達物質はイオンと呼ばれ、小胞（量子と呼ばれる）の中に入れられ、間隙に放出され、それが次のシナプスに取り入れられる。ここで一般の神経伝達とは違うことが生じる。前のシナプスから放出されたイオンがすべて次のシナプスに取り込まれるのではなく、何らかの事情で一部のイオンが回収されるか、グリア細胞によって消去される。伝達物質を受け取る後のシナプスが、放出するシナプスを操作するのである。このような現象はなぜ生じるかは筆者には不明である。

　われわれの意識は千変万化する。そこで常に「私である」という自己意識を想定もしくは要請する必要があったし、ある。自己意識を反省すれば、無限に遡源するのであるから、カントは不動の自己意識を統覚と名づけ、それを要請した。もちろん、認識を越えた存在者であるから認識不可能であるとした。しかしわれわれは「自分は自分である」ことを、時間差・空間差を経ることによってもっともよく認識している。つまりもっと簡単にいえば、「昨日は大阪にいた」自分は「今日は東京いる」ということを認識するのである。脳が働くことがなくなって、認知症になって自分を認識できなくなった人に、「あなたは自分を認識できなくなっている」ということは、認知症になっている人を納得させる言葉になるだろうか。人間は脳を介して認識する。脳に障害を持ち、認知症を患っている人に確かな認識を獲得することを期待できない。一般の人々は「自分は自分である」と意識し、変わらぬ自分であると思っている。われわれが自己意識を意識すれば、同一性は必要となるが、そうでないときの自己意識は千変万化し、自然に合わせているのである。不都合なことはない。

われわれ人間は自然の中で他者（または他物）から様々に影響を受ける。また道徳的にも影響を受ける。もちろん、一方的に影響を受けるのではなく、影響は双方的である。キリスト教徒は、筆者の知っている限りでは、神からの影響を論じるのであるが、自然からの影響を論ずることはほとんどない。ダーウィンの自然淘汰（natural selection）説の頃から自然が人間に及ぼす影響が論じ始められた。20世紀の後半になってからは地球の異常が論じられているが、地球の異常かどうかは数万年単位で考察しなければならないので、現在地球上で起こっていることを異常であると断定することは早計であろう。しかし人間の主体性は、つまり自然との相互関係は再考を必要としていることは事実である（第十二論考を参照）。

平成 26 年 12 月 2 日

第三十二論考　　生と死　Ⅱ

　大乗仏教の経典（華厳経・大集経・般若経・法華経・涅槃経など）の1つ法
華経の科注に「四苦」があるといわれている。「四苦」とは、生老病死のこと
である。考え方の問題であるが、個人的には「生きること」「老いること」「病
むこと」「死ぬこと」それぞれはわれわれを不安にさせる。4つはすべて時（時
は運動から推論され、形式化されたものであり、ここでは誕生から死までの運
動）に係っている。あるいはまた意識と係っている。意識しなければ人生は
楽しいことかもしれない。われわれ人間は「信じる」ことを生来の傾向性にし
ている。「信じる者は救われる」といわれるが、特定の絶対者とか、神でなけ
ればならないということはない。「信じる」対象が神の宿る大木、石、刀、鏡、
つまり何でもよい。天上から聞こえる声だけでもよいし預言者を介してもよ
い。結局のところ、人間は「信じる」ことが成立しさえすればよいのである。
ヤーベ、エホバ、アッラーは同じ神を違う呼称で呼んでいる。信じる対象は信
じる者の納得さえあるならば、形があろうが、無かろうが、何でもよいのであ
る。聖書、コーラン、経典さえあれば、また神が宿るものがあれば、歴史が示
すように、聖人画（イコン）も聖人像もなければ、なくてもよいのである。
　よくいわれることだが、ユダヤ教、キリスト教、イスラム教は神に甘える宗
教であり、仏教は自ら悟りを求める宗教であるから、自立的な宗教であるとい
われる。しかし宗教はどんな宗教であっても自立的側面と他立的側面を持つの
である。なぜならば人間は命ずる自我と命じられる自我という二面性を有する
からである。この関係は自立と他立の相互作用であるが、両面が作用し合うこ
とによって、自己を高めたり、低めたりするのである。現象界では、善と悪は
概念として対立しても、一貫して対立するものではなく、相補的である。善は
悪であったり、悪が善であったりする。善と悪はつねに相対的であり、程度の
差となることが多い。戦争と平和も同じく概念としては相反して対立するが、

現象界では厳しく対立するものではない。殺人ということを考えてみると平和時には罰せられるが、戦争時には尊敬されるだろう。概念の中では殺人は如何なる理由があっても許されないのである。しかし戦争の時は許されるのである。この二面性は殺人という事象にあるのではなく、われわれ人間にある。殺人は悪いが、それが行われた状況を考えなければならないのである。それが現象界におけることであり、現実である。現象界の出来事は程度の問題なのである。

　以上のことから、四苦つまり生老病死といっても、死を除いて他の３つは程度の問題であるが、誕生と死は、程度の問題ではなく、われわれの意識を超えた問題である。

　生きるということは老病死を意識することであるが、どのような対処方法はあるだろうか。どのように意識しても老い・病・死は避けることができないとして考えられたであろう。経典はシッダールタ（釈迦の呼称の１つ）が、没し後約500年して完成したといわれている。紀元０年ごろのインドの状況と現在の日本の状況とを比較することは無理ではあるが、老いと病と死に対する意識の違いがかなりあるものと思うが、筆者はその違いを具体的に述べることはできない。

　自殺とか尊厳死は特別な死であり、普通の死は、誕生と同じく本人は対処しようがない。ここでいう生老病死は個人的なものとしていわれている。しかし人間は衆生の１つとして、永遠に続くものとも考えられる。したがって、生老病死から開放されるとも考えられる。人間が自然の中に存在するから、対処の仕方で永遠に続くと考えられ、不滅であるとも考えられる。個人の生老病死から開放され、類へと視点を移すことによって生老病死の問題から開放される。個から類へと視点を移すことは一種の逃げのように思われる。しかし人間は考え方を変えることによって不滅を信じることができるならば、それは神を信じることに匹敵すると考えてよいだろう。宗教家がいうように、神を信じなければ、永遠を考えられないということはないのである。

平成 26 年 12 月 4 日

第三十三論考　一対一対応
(one to one correspondence)

　普遍とは何か。ユークリッドは幾何学を普遍的であると考えたに違いない。プラトンもピタゴラスもユークリッドよりも先人であるが、幾何学を普遍的であると考えたようである。プラトンがイデアこそ普遍であると考えたことを想起するならば、幾何学を普遍的と考えたことであろうと推測される。しかし19世紀の非ユークリッド幾何学を考えてみれば、幾何学を何の反省もなく普遍的であるということには抵抗がある。正三角形も正方形も現象界に存在しないことは誰でも知っている。それらは確かに頭の中では正三角形も正方形も成り立つが、しかしそれは「私の」正三角形であり、正方形である。他人の頭の中の正三角形と、「私」の頭の中の正三角形は同じものであると断言はできない。そこには普遍性があることをどのようにして確認するのであろうか。その他人と「私」が頭の中の像を現象化してみれば、二人の頭の中の像は近似的であり、似ているであろう。しかし普遍性があることを確認するためにはかなりの飛躍が必要であろう。近代の主観主義は袋小路に入った。間主観という考え方は確かに１つの解決法であった。しかし「私」と他人はどこまでいっても他人と「私」である。普遍性の認識は近似的であるということで断念しなければならない。

　ここで考え方を変えてみよう。つまりわれわれは対象を近似値的にしか理解できないとすればどうであろうか。われわれはすべてのものをそれ自体として認識できるか。われわれの認識は感覚内容を受容し、それを脳へと上昇させ、脳から下降させ個々に運動しつつ対応する。脊髄が独自に反応する運動以外はすべて脳を仲介する。つまり抹消から中枢へ、中枢から抹消へと情報は流れるのである。受け取るときそれ自体を受け取っているのであるが、それ自体として受け取ったときはすでにそれ自体ではないのである。例えば、運動を理解す

第三十三論考　一対一対応（one to one correspondence）　99

るとき、われわれは線として表象し運動を理解するのであるが、表象した線は運動ではない。われわれには運動は理解できないのである。理解している運動は線の表象である。我々は感覚の世界においてばかりではなく、叡智界においてもそれ自体は認識できない。叡智界におけるものを現象界へと還元しなければ理解したことにならないし、現象界へと還元したものは常に近似的であるからだ。イデアそれ自体は理解されないし、物それ自体も理解されない。われわれはガリレオ（Galileo）以来様々な道具を発明・発見し自然界を理解してきた。しかし残念ながら最後のもの（例えば、反物質は物質か、もし物質であるとすればそれを構成するものは何か。化学の一番目の水素イオンでないとすれば、それは何か）に至っていない。20世紀、21世紀の研究者たちの努力を目前にすると、いつかは最後のものに到るように思えるが、どこまでいっても「真如」で終わる可能性があるのではないか。

　「一対一対応」とは集合論で、内容を捨象し、形式だけで考えたことで、最も普遍的であるといわれることであるが、現実の世界において内容を捨てることができるであろうか。

　プラトンが『国家』論の中で「正義」を究明し定義づけようとしたことはよく知られているが、失敗した。カントによれば、理念には2種類ある。構成的（konstitutiv）と統制的（regulativ）と呼ばれる理念である。構成的とはわれわれが対象を探求する際にその対象が理念と合致するかどうかと判断する際に役立つのである。統制的とはわれわれが生きてゆくときにわれわれを規範として統制するのに役立つのである。理念は最初から分離した形で2種類あるのではなく、探求の結果、2種類あるといわれるのである。プラトンのいう「正義」は「平和」とか「平等」と同じように、一面では統制的であり、また構成的でもある。「普遍的」という術語も同じである。しかし正三角形とか正方形は構成的である。つまりわれわれの生き方には何の関係もないのである。「一対一対応」はわれわれの生き方とは何の関係はない。「一」の内容は捨象されないとすれば、その内容は筆舌されないほど多様である。地球は1つであり、内容は豊かである。「私」は1つであるが、細胞は60兆あるといわれる。「一対一対応」は形式的には宇宙で最も普遍的なものであるといわれるが、数学の

純粋性をいうのであって、ユークリッド幾何学と同じように頭の中に表象されるものであって、現象界で現実化されるものではない。現象界に普遍はあるのではなく、私の頭の中にあるものと、他人の頭の中にあるものとは同じものであるとはいえない。

平成 26 年 12 月 12 日

第三十四論考　　分析的認識と綜合的認識

　カントが『純粋理性批判』の中で認識は分析的であるよりも綜合的であるほうがよいとする。その理由は必ずしも明確ではない。数学的認識は綜合的であるとして例にしている。ユークリッド幾何学を例として考えてみると、公理や定理が成立した後では綜合的に拡大されることは確かである。しかし、公理や定理が成立する以前は分析的に成立する。つまり数学者は様々に分析し、確認する作業は必要である。同じことが認識能力に関してもいうことができる。ある認識が、理性が行ったことなのか、悟性が行ったことなのか、感性が行ったことなのかは結果から判断して、認識の対象が、理性の対象であったのか、悟性の対象であったのか、感性の対象であったのかがはっきりする。そうすれば、理性、悟性、感性の認識領域の区別が可能となる。カントはプラトンの認識能力の区分を無批判的に取り入れているような気がする。

　カントの時代の認識論を脳の働きがかなり解明されている現代の認識論と比較することは無理である。脳局在論でいえば、理性の部分と感性の部分は予想がつくが、悟性の部分は全く予想がつかない。脳は一か所で必要な情報を処理しているわけではない。脳は前頭葉、頭頂葉、側頭葉、後頭葉と４つに大別されるが、ブロードマンによれば、47の部分に分類されてある（この分類は古いとされている）。１つの事柄を理解するためには脳の半分ぐらいは働いていると考えてよい。このような状況から判断すれば、カントのいう認識能力、理性・悟性・感性を支える１つの部分というものは存在しないのである。例えば、視覚を分析するならば、眼に映っている像が、単数か、複数か、全体かということである。したがって脳の数か所が同時に働いていることが理解される。数か所が同時に働いているから、分析が可能となり、単数か、複数か、全体かということが判断可能となるのである。

　われわれは分析して結果を綜合するのである。綜合は分析を前提しているの

102 一筆啓上 つれづれなる論叢

である。このことは数学にも妥当する。数学も一見綜合的であるが、分析を前提しているのである。分析と綜合は表裏一体なのである。

カントが何にこだわったかは不明である。そこで筆者が推測したことを述べることにする。形而上学の個別的対象の1つとして神が挙げられている。神学者がそれぞれの宗派の立場で神を述べるのが常である。要するに神を分析した結果を宗派の信者の人々に押し付けるのである。他の宗派の人々にも押し付ける。そして宗派の対立が生じる。その結果宗教会議が開催される。異端と判断された宗派は弾圧される。異端とされた宗派は世界には沢山ある。宗教裁判で異端と判定された人も沢山いる。アウグスチヌス・ルター・ガリレオ・サヴォナローラ（Savonarola）・魔女たち、特に魔女と判断された人の数はドイツに多い。異端者と判定された人々に対する弾圧はいかに激しかったかは筆舌しがたい。三十年戦争のこと、ルターの宗教改革のこと、清教徒革命のことを考えてみれば理解できる。

筆者の独断ではあるが、カントの母はルター派の小さな宗派、敬虔主義（Pietismus）派の信者であった。カントは母を弁護しようとしたにちがいない。神は綜合的に認識されるとすれば、小さな宗派もその立場を正当に主張できる。神は分析的に認識されるとすれば小さな宗派は弾圧される。なぜならば、自分たちの解釈は異端になる可能性があるからだ。なお、最後の蛇足として、現在のドイツでは、旧教の信者は新教の信者よりも2～3%多い。

平成 26 年 12 月 13 日

第三十五論考　　反時代的考察

　この表題を見て、ニーチェを想起する人が多いことであろう。筆者は神を信じない。しかしだからといって、ニーチェのように「神は死んだ」として、代神ツァラトゥストラ（Zarathustra）を主張するものでもない。筆者が言いたいことは、「聖書に○○○と書いてある」とか、「コーランに○○○と書いてある」とか、「論語には○○○と書いてある」と批判もせず、信じて他人を説得しようとすることには耐えられないのである。

　ユダヤ人がペルシア湾を北上し、シュメールに着いてシュメールに伝わっていた神話を参考にして聖書の一部を作ったといわれている。例えば、シュメールに伝わる話として、神々の中で最も下位の神を殺して、その血で土を捏ねて人間を作ったという言い伝えがあったという。この伝説を参考にして聖書が書かれたとも考えられる。誰でも聖書でいうアダムの創造を想起するだろう。また聖書とは違う「死海文書」（Dead Sea Scrolls）というものがあり、これは死海を臨むある洞窟で発見されたもので、部分的には聖書とは違う物語が書かれてあるといわれ、ユダヤ人とは何の関係がないかもしれないし、またユダヤ人が聖書を推敲する際に省略したかもしれないのである。さらにまたユダヤ人がエジプトに入る前に書いたかもしれないし、エジプトを出て放浪しているときに書かれたかもしれないのである。

　ムハマンドが商人の未亡人の婿となり、息抜きで、ある洞窟にいるとき、ガブリエル（天使の中で最も身分の高い）を介して、神の御告げを聞いたのがコーランであるといわれている。商人に対して寛容であるのがコーランの特徴である。ムハンマドは差別され、ヒジュラ（メッカからメディナへの移住）を西暦622年に行い、その地で自分たちの宗派の拡大を行った。西はスペインのイベリア半島から、東は中央アジア、南アジアと拡大したのであった。しかし彼の死後、彼の血縁を重視するシーア派と彼の言動を重視するスンナ派に分裂

し、スンナ派はイスラム教の多数を占めている。現在、強硬派とか穏健派といわれる対立はシーア派とスンナ派という区別にあったということができる。日本で最近よく耳にする「ハラル」という術語は、特に食物に関しては飲食してよいものと悪いものを決めており、飲食してよいものを示しており、その商標を獲得すれば、イスラム国々の人々に飲食させることができるとして、人々は商標の獲得に精を出しているといわれている。

　儒教を考察するには「四書（大学・中庸・論語・孟子）五経（易経・書経・詩経・礼記・春秋）」を研究することが必要とされる。孔子以前には五経があった。孔子の時代の学校制度は小学と大学とに分けられ、小学は7～8歳で入学し、15歳で終了し、15歳で大学に入学し、8～9年間学んだという。普通の家庭の子供は小学で終わり、大学へ進む子供は少なかったといわれている。孔子の祖父は魯の国ができたときに、魯の国は周の国の一部であり、被任命者の王と一緒に魯の国にやって来たといわれている。たぶん名門の家柄であったと思う。その孔子は五経を熟読したものと思われる。書を綴じている皮紐はしばしば切れたといわれている。

　孔子がいうには、自分は読んだだけで、作っていないといっているが、にわかに信用できない。『論語』の書き方からして、孔子は確かに書いていないとしても彼の思想が文章になっているのであるから、ある程度は孔子も参加したであろう。いや大部分かもしれない。孔子は意識しなかったと思うが、インターナショナルな側面は少ない。そうかといって中華思想も少ない。最近の考古学で、禹の支配した夏の国が黄河と長江の間の中原の西の地域にある二里頭であったといわれている。中華思想はここで育まれたといわれている。北京の紫禁城は夏の国の宮殿の模倣であるといわれている。天を祭るという考えは夏の国にその起源を持つものと思われる。

　しかし孔子の思想は中国共産党と結びつくとは考えられない。マルクスはイギリスの産業革命の後の労働者の惨めさを眼にして、労働者を救わなければと思ったことであろう。しかし後のソビエトのスターリンはソビエトの農奴を救ったと思われない。その点、中国の共産党は農奴解放を行ったと思うが、時が流れると同時に初期の共産主義の看板は放棄された。原因は色々とあると思

うが、経済的な混迷が最も大きかったと思う。とにかく豊かになるためには、実質的には共産主義を放棄し、表向きは「市場社会主義」という言葉で一般の人民を欺いている。

　偉大な人間は反時代的であることは確かである。その時代の常識から乖離している。上に取り上げた3人、イエス・ムハンマド・孔子もまた反時代的な思想を持ち、行動した人々であった。3人とも神を信仰していた（孔子は天を神とした）。しかし筆者は神を信じない。その意味で筆者は凡人である。凡人は自然の中で生き、自然に身を任せたいと思うのであるが、それもまた夢か。

平成 26 年 12 月 15 日

第三十六論考　der kategorische Imperativ

カントが生まれる前には次のような宗教改革者がいた。その名前を挙げよう。

Jan Hus（1370?〜1415 チェコ）
Desiderius Erasmus（1469?〜1536 オランダ）
Nicolaus Copernicus（1473〜1543 ポーランド）
Martin Luther（1483〜1543 ドイツ）
Ulrich Zwingli（1484〜1531 スイス）
　コペルニクスは宗教裁判を受けていないが、宗教家であった。コペルニクスはアリストテレスの世界観・経験論に対しては反対の立場、すなわちコペルニクス的宇宙論を主張した。この立場にガリレオが賛同した。真偽のほどは判らないが「それでも地球は回る」といったといわれている。

以上 5 人は従来の宗教観と戦った人々である。命令といえばキリスト教徒ならば、『出エジプト記』におけるモーセがシナイ山で受けた神の啓示（命令）をすぐ想起するであろう。たぶんカントもモーセの命令を想起したのであろう。

　独断であるが、カントが「kategorisch」という形容詞を使った理由を探ってみたい。「kategorisch」はギリシア語の kata + agoreuein に由来し、「公の場で反論する」という意味であるといわれている（ソクラテスが想起される）。「公の立場での命令」とはどういうことであろうか。個人は現象界にあって常に個別的であり、利害に係り、自分の幸福（徳目）を求めるのである。一般の人間は自分の利害を無視して公の命令を守ることはできない。もしそれができていたら悪は存在しない。現象の世界では善悪は表裏一体であり、公の立場に立つならば、それは善であり、個人の立場に立つならば、それは悪ということになるのであるが、われわれは常に両者の立場に立つのである。判りやすくいえば、われわれ人間は知性と感情を持ち、一方の立場に立つということは不可能である。常に揺れ動くのである。

第三十六論考　der kategorische Imperativ　*107*

　カント自身は宗教裁判にかけられてはいない。彼の母はルター派の一派である敬虔主義派の信者であった。たぶんカントはその影響を受けて育ったことは疑いがない。カントが総合的判断（認識）を『純粋理性批判』において求めたことは有名であるが、その理由は必ずしも明らかではない。分析と総合は表裏一体であり、分析したら総合しないと分析がそのままということになり、何の意味もない。総合は新しい判断（認識）を付け加えることが可能である。すなわち、小さい宗派の神の解釈が可能となるのである。カントの言葉でいえば、「コペルニクス的転回」が可能なのである。従来の解釈とは違う新しい解釈が可能となり、小さな宗派も大きな宗派と対等な立場に立つことができるようになる。「公の立場での神の命令」を主張できるのである。モーセの命令は 10 項目から成り立っているが、個別的であり、徳目的であり、ユダヤ的である。そうではなく、全人類という立場から命令するとすれば、

　　君は（君の）格律が同時に普遍的法則となることを望むことができるような格
　　律にしたがってのみ行為しなさい。

　　Handle nur nach derjenigen Maxime, durch die du zugleich wollen
　　kannst, da sie ein allgemeines Gesetz werde.

という命令であってもよい。現象界にあっては、民族的であっても、個別的であっても、徳目的であっても、老若男女であってもすべての人々に妥当する。人間は知性と感性を持っている。この命令は知性に当てはまるのである。しかし、人間は知性だけで生きているのではない。感性を持っているために、この命令は感情という視点からみれば、「たてまえ」となるのである。それゆえ、この命令は知性に対しては消極的側面を持つにすぎない。人間の全面に係るとすれば、独断的となり、他人を強制することになる。個人の立場を容認できなくなる。この命令を理解するには人間に二面性があることを忘れてはならない。個人は利害から放たれることはできない。しかし、知性でもって、たとえ理念にすぎないとしても、世界の平和を願うことはできよう。

平成 26 年 12 月 16 日

第三十七論考　　STAP　細胞　Ⅱ

　本日（2014 年 12 月 19 日）STAP（stimulus-trigered acquisition of pluri-potency）細胞が否定されるという結果が出された。かつて筆者は STAP 細胞が存在するならば、自然界の現象が色々と説明されると論じたことがあった。しかし今になってみると、筆者は理解が不十分であり、未熟であった。動物は自然の環境に対応し自分を変化させる。特にフィンチ、イグアナは有名であるが、そのほか身の回りにいるものとしてモンシロ蝶がよく知られている。これらの動物や昆虫の分化に「万能細胞」が必要かどうか筆者には判らない。しかし万能細胞まで、つまり遺伝子まで自然の刺激で変化するだろうか。植物の遺伝子の変換は人工的に行われている。また動物に関してはクローンが行われている。しかし人間に関しては、遺伝子の操作もないと思っているし、クローンの操作もないと思っているが、しかし科学者にも意欲があるので、クローンは絶対に無いとは断言できない。

　細胞は卵子が受精した後、分裂し始める。2つ、4つ、8つ、16 と分裂する。そして誕生する前 1 分間には数十万と増えるといわれている。いつの時点で万能細胞というかといえば、当然臓器に分裂する前の細胞をいう 。ES 細胞とは万能細胞であり、STAP 細胞もその 1 つであり、酸で容易に作ることができるといわれたのであるが、もし事実であるならば、人工的である iPS 細胞よりも容易に、また自然環境の中で自然現象として生じる可能性があるのであった。自然淘汰を間接的に支持すると考えることができ、大変な発見であると思われた。しかし、結果として残念なことになった。

　いつの日か、ES 細胞がある臓器を作り始める時点を理解し、その細胞から特定の臓器を作り出すよう操作できるようになるならば、生命学の大革命が生じるであろうが、期待できるかどうかは判らない。万能細胞の操作は容易ならざることであろう。万能細胞が容易に作り出され、その細胞の発現を理解し、

臓器を作り出すよう操作できる時代が来るよう期待しよう。

平成 26 年 12 月 19 日

第三十八論考　死

　生き物は必ず死ぬ。ただ死に方は違う。つまり死は必然であるが、偶然から始まるといってよい。遺伝子に組み込まれている細胞の死は、アポトーシス（apoptosis）といわれる。他方、偶然の事故とか、病気などでの細胞の死はネクローシス（necrosis）といわれる。この2つの意味での死は細胞全体の死を意味していないが、死は普通には壊死という形で部分から全体へと拡大する。アポトーシスもネクローシスも生物学的には直接死を意味しない。そこで壊死と訳されていると思われる。

　遺伝子に組み込まれている生は、人間では120年は生きるといわれている。生き物は最盛期を迎えた歳の6倍は生きるといわれている。つまり人間は20歳で最盛期を迎え、その6倍の120年は生きるというのである。この説の真偽はわからないが、2014年の日本で100歳を越えた人は50,000人を超えたということだ（2017年は67,000人を超えたといわれている）。筆者はここで少子高齢化を問題にするのではなく、「死とはなにか」ということを問題にしたいのである。筆者が思うに「死とは生きている人の問題であって、死んだ人の問題ではない」と考えている。

　即物的に考えると、「死とは分解・分散、つまりメタモルホーゼ（metamorphose）である」としかいいようがない。しかし中国でも、日本でも、いや世界中の多くの国では古くから肉体と魂は別のものと考えられてきた。日本では死者の魂は死と同時に肉体から遊離し、上空へと舞い上がり飛び去るといわれ、伝統的に親族や知人が屋根に登り、魂を呼び戻す慣例があったといわれている。しかし魂が肉体に戻ったという話は聞いたことが無い。

　青森県の下北に魂を呼び戻すイタコがいるが、死者が生き返ったという話は無い。中国でのチマキの由来の話の紹介しよう。入水した屈原（周の時代の後半、つまり戦国時代の楚の人で詩人であった）の肉体は、魂が戻る前に魚に食

べられないように、人々がチマキを撒いたという伝説がある。もちろん、屈原が戻ってきたのではない。肉体と魂が別のものであり、魂は永遠に生き続けるということは生きている人々の希望であり、要請である。確かに「魂は存在しない」ということを証明することは不可能であるといってよい。単なる信念であるといってよい。もしイタコが本当に死者の魂を「呼び戻す」とすれば、魂は不滅であり、永遠に生き続けるのである。もしそうであるならば、魂は形而上学の対象ではなく、形而下の問題である。

　筆者は、非浸襲的な方法であるが、数年脳の研究してきた。脳の研究の結果としていえることは脳と魂とを分けることはできないし、また心とも切り離すことはできない。魂も心も脳の働きの結果である。魂も心もわれわれが考え出して、その後、考え出したものに働きを付与する。分析的であろうが、綜合的であろうが、「魂とは○○○だ」とか、「心とは○○○だ」というのである。この判断は個別的であり、独断的である。脳を構成するものは物質であり、その物質が脳として機能するのである。

　ギリシア語の psyche は英語で spirit soul, anima, ghost, heart, mind, breath, reason, desire, appetite, understanding 等と訳される。以上のことから、外とは何の関係もなく、魂も心も人間が考え出したもの抽象概念、つまり「理念」であるといってもよいものと思う。日本では感情を表すときに「心」と訳していると思う。しかし実際は脳の働きの一面を「心」といっているので、「情」を言っているようである。時間という概念と同じく、人間が自分で想定し、それに従っているだけである。自分自身を統制しているのである。同じことが「魂」にも言うことができる。

　「魂」も「心」も脳の働きで、想定されたものである。脳の消滅と共に両者も消滅する。残るのは、生きている人の脳にだけである。そのような状態を不滅であると勘違いするのである。死とは物質の分解・分散である。細胞は生成消滅する。脳もまた生成消滅する。生成消滅の作用が止まったときが、その生命体の「死」なのである。よく言われるように死は再生への準備かもしれない。

平成 26 年 12 月 25 日

第三十九論考　　偶然と必然

　「自然界に必然的現象があるだろうか」と考えてみると、「必然的」と断言できる現象は少ない。地球の自転で生じる昼夜の入れ替わり以外には、日食、月食が挙げられる。しかし自然界における必然性には誤差があり、このことは天体現象にも妥当するということができる。自然界には誤差のない必然性はない。なぜならば自然界はいくつかの物の相互作用であるからだ。自然界における現象はほとんど偶然的である。素粒子のことを考えれば、当然であることが理解される。素粒子には傾向性と親和性があり、しかも充足と欠如があるから自然界は当然偶然に支配される。

　ユークリッド幾何学の必然性も、空間を変えれば、偶然的であるかもしれない。つまり自然界では偶然が必然的なのである。偶然性と必然性は対立するものではなく、この地球上において偶然性と必然性は相補的に働き、生き物を生かしている。地球上に酸素がなかった時代にストロマトライト（stromatolite）が作った酸素は当時の生命体には毒であった。時代が下るとともに酸素を必要とする生物が現れた。現在でも最深の海底に住むカイコウオオソコエビや海底火山から出される毒（硫化水素）を餌とする微生物がおり、その微生物を自分の体にある毛で育て、それを餌とするゴエモンコシオリエビ等がいる。われわれは酸素を必要とする。それが無ければ生命を維持することはできない。ストロマトライトが酸素を作ったのは偶然であって、必然であったとは考えられない。自然界では偶然が必然であったり、必然が偶然であったりするのである。

　偶然が必然であるとすれば、頭は混乱する。頭の中では偶然はあくまでも偶然であり、必然は必然である。考えた結果と現象界を混同しないことが大切である。例として運動を論じてみよう。運動を理解するためには、運動を線として表象する。表象を理解すれば、運動を理解したと思うかもしれないが、実際は運動を理解したことにはならない。われわれは運動それ自体を理解（理論

化）することができないのである。理解（理論化）しているのは線としての表象なのである。ここで落下速度を考えてみてほしい。鉄の玉と紙切れの落下速度が違うことは確かである。真空の中では鉄の玉と紙切れは同時に落下するとしても、現象界では空気の抵抗がある。したがって、鉄の玉と紙切れの落下は同時になるということは決してないのである。頭の中で偶然と必然は一体となることはないが、現象界では偶然と必然は一体となることがあるのである。

平成 26 年 12 月 26 日

第四十論考　　must（müssen）と should（sollen）

　現在使用されている英語の must、should とドイツ語の müssen、sollen を
考察の対象とした。11 世紀の中頃、北ゲルマン（デンマーク、ノルウェー、
スウェーデン、フィンランド人をいう）人は、ノルマン人またはバイキングと
もいわれる。この人々はフランスの王から現在でいうノルマンディ地方を受領
された。その理由はこの人々がフランス、ドイツ、イギリスの各都市また他の
国の都市でやり放題の略奪をし、そのやり方があまりにもひどかった。そのた
めフランス王が、彼らを定住させようとして土地を与えたのであった。それが
ノルマンディ地方である。その地の王であるウィリアム（フランス名ギョー
ム）が 11 世紀の中頃イギリスに上陸した。それが「ノルマンコンクエスト」
といわれるのである。

　ウィリアムが上陸する前のブリテン島（ブリテンをゲルマン人によって追
われ、ブルターニュに住んでいたケルト人がグレイト・ブリテンと呼んだの
であった）には、7 つの王国があった。ローマがブリテン島を 400 年に放棄し
た。その後、アングロ・サクソンと呼ばれたゲルマン人が上陸した。アングロ
人とは北ドイツで定住していなかったゲルマン人であった。サクソン人とはザ
クセン人であった。7 つの王国とは、アングロ人が支配するイースト・アング
リア、ノーサンブリア、マーシアの 3 国で、サクソン人が支配するエセックス、
サセックス、ウエセックスの 3 国であった。残りのケント国はデンマークのノ
ルマンによって支配されていた。現在のウェールズとスコットランドはケルト
人が支配していた。ウィリアムがブリテン島を支配したとき、フランスから約
10 万人のフランス人が移住したといわれている。同時にフランス語が公用語
となったことは当然であった。

　must と müssen、should と sollen は英語とドイツ語であり、ドイツ語の
sollen は伝聞をあらわすことがあるが、それ以外はほとんど同じ意味で使用さ

第四十論考　must（müssen）と should（sollen）　*115*

れている。ゲルマンの特色は集団の合意は上意下達ではなく、常に合議制で行
われたといわれている。ローマのアウグストゥス皇帝や秦の始皇帝と比較すれ
ば、ゲルマンの特色が理解されると思う。ところがドイツに8世紀になって
イギリス人のボニファティウス（Bonifatius）によってキリスト教が伝えられ
た。ゲルマン人は元来多神教であった。キリスト教はイスラム教と同様にユダ
ヤ教から派生した宗教であり、一神教である。したがってキリスト教はゲルマ
ン人に大変革を齎した。グリムの童話を想起してほしい。たぶん納得してもら
えるであろう。

　must も should も必然を表わすのであるが、must は主観的必然であり、
should は客観性を表わす。しかしここでの必然は自然科学での必然ではなく、
個人の心理状態での必然である。ある個人が自分自身に対する命令は must
による必然であって、集団における他者からの、また上位者からの命令は
should での必然である。キリスト教徒たちの間では、神からの命令は should
で示される。「モーセの十戒」は当然 should で示される。もちろん、エホバの
神を信仰していない人にとって何の意味もない。しかし信者にとっては絶対的
命令である。信仰と命令は表裏の関係であることを気づくべきである。

平成 26 年 12 月 27 日

第四十一論考　　ゼノンのパラドックス

　筆者が哲学を始めて数年経ってある先生の講義で「ゼノンのパラドックス」があることを知った。古典の講義ではなかった。現代哲学の講義であった。その先生によればアリストテレスも解くことができなかった難問であるから現代でも解決は難しいということで、筆者の記憶に残っていたものと思う。いままでも何回か講義したこともあるし、書に示したこともあるが、十分理解してもらったという確信がない。ここでもう一度考察してみようと思う。3つ取り上げる。

　Ⅰ．アキレウスと亀
　アキレウスと亀が走る競争をするとき、亀が数ｍ先に位置をとる。同時に出発する。アキレウスが亀のいた位置に来たとき、亀は先へ進んでいる。さらにアキレウスが亀の位置に来たときは、亀は先へ進んでいる。同じ論理を展開させれば、アキレウスは亀に追いつけない。永遠に続くのである。アキレウスは亀を追い抜くことはできないのである。
　もちろん現実はアキレウスがあっという間に亀に追いつく。誰でも理解できるが、論理となるとそんなに簡単ではない。一定時間内に動く距離、つまりスピードや歩幅間を考えれば追いつくような気がする。しかし亀がどこまでいっても優先しているのである。時間とは運動であるが、アキレウスと亀とは違う時間である。時間とはわれわれ人間が運動から抽象した表象であり、実体がないのである。この実体の無い時間を基準とするのである。この時間に基づいて、アキレウスの時間を測定し、亀の時間を測定しなければならない。別々の運動（時間）を分析し、つまり基準運動の表象、アキレウスの運動の表象、亀の運動表象を分析し、比較してそれらを比較総合し、判断しなければならない。3つの表象を重ねると、アキレウスが亀よりも同じ時間内に速く進むことが示さ

れる。結論としてアキレウスが亀に追いつき、追い越すことが示されるのである。

Ⅱ. ２本の矢

１本の矢がＡという地点から放たれてＢという地点に向い、もう１本の矢がＢという地点から放たれてＡという地点に向かうとすれば、必要な時間は半分であるというのである。それぞれの矢が飛ぶ距離の真ん中が的であるというならば、必要な時間は半分であるということは理解できる。しかし違うのである。１本の矢はＡからＢへと、もう１本の矢はＢからＡへとそれぞれの矢が飛ぶのであれば、時間は半分にはならない。ＡＢの距離を飛ぶ矢と、ＢＡの距離を飛ぶ矢は別物である。したがって、時間も距離も半分になるのではなく、ＡＢの距離とＢＡの距離を加算しなければならない。また時間も加算しなければならない。

Ⅲ. 弓矢は的に届かない

弓矢がＡの地点から的のＢまで到達するためには、まず半分（中点）まで行かなければならない。そこからさらにまた半分行かなければならない。半分、半分というように行かなければならない。つまり矢は的には届かないのである。

実際は矢が的に届くが、届かないというのはどうしてであろうか。矢の動く距離を表象し、その線の表象を半分にする。さらに表象を半分する。さらに半分というように繰り返すのである。運動はＡからＢまでの運動である。ここで注意しなければならないことは、表象としての線は分割できるが、しかし運動そのものは、何か遮るものがあれば、その運動はそこで終わることになる。つまり元の的とは違った的に到達したことになる。その倍の距離を飛ばないと最初の的には到達しないのである。遮られることによってその運動は終わることになり、運動の分割は不可能なのである。分割可能なのは表象なのである。このパラドックスは現実の運動と表象を一体化している。たぶんゼノンはこのことを知らしめたかったのであろう。ゼノンは人間がいかに誤謬に陥りやす

いかを示している。知性は感覚とは違う過ちに陥るのである。感覚は誤差・誤謬とを切り離すことはできない。知性も誤謬や勘違いを切り離すことはできない。人間は間違いを犯すものである。ここに神に助けを求めるのである（デカルトの神論が有名）が、神を頼りにしないほうがよいのではないか。神に助けを求めると、人間は神という名の下に粗暴となる。このことは歴史に示されていたし、また示されている（第七十二論考を参照）。

平成 26 年 12 月 28 日

第四十二論考　　情（知・情・意の中の）

　ここでは「なさけ」という意味では使用していない。
　「同じ情け」という意味でもない、常識もしくは共通感覚という意味で使用しているが、個人の感覚に共通するという意味ではなく、集団の中で「共通する」とか「妥当する」という意味で使用している。

　情は一次的に外からまたは内部からの刺激を受容する感覚とは違う。脳内の様々な部分が相互作用した結果、脳の中心部で生じるもので、人間のあり方に影響を与える。
　地球ができて45億年経つという説もあれば、125億年経つという説もある。生命体が現れてどれくらい経つのであろうか。人類が誕生して600万年経つといわれている。われわれ人間の頭は生命の進化を表現しているといわれる。その頭の構造は、下から上に向って進化してきたといわれている。脊髄の頂点には脳幹があり、生命の維持を機能としている。その上は脳の深部となり、視床、視床下部、下垂体であり、脳幹ほどではないとしても、生命の維持の働きをすると同時に、海馬、扁桃体など他の視床の周囲の部分を含み、帯状界までは情に関わっってっている。その上は新皮質で、前頭葉は知性に関係し、頭頂葉は感覚と運動を支配し、側頭葉は記憶、聴覚に関わり、後頭葉は視覚に関係している。
　情（emotion）は脳の中心部のおける複数の部分の相互作用の結果である。また上部の新皮質や下部の脳幹にも作用する。情は脳全体の働きの結果であるといってよい。いろいろな感情（たとえば好き嫌い）の総体を情と考えればよい。また知性に対比させて感性と呼んでもよい。
　ヨーロッパ人は、「レコンキスタ」とか「百年戦争」とか「三十年戦争」の経験からナショナリズムを押さえ込む方法を知っていた。しかし第一次世界大戦とか、第二次世界大戦を経験した。結局、情を押さえ込むことができなかっ

た。このような経験から現在の EU があると思うが、それぞれの国では情から派出する感情としてのナショナリズムが依然と燻っており予断を許さないのである。結局人間は知性を根底にしているのではなく、情を基盤にしているのである。知性による成果がよければ、情は喜びを感じ、また脳幹の成果がよければ、喜びを感じる。情を構成する部分が喜びを感じなければ、知性も働かない。知性を十分に働かせるためには情の支配が必要である。情がなければ、知性が働いても空しさが残るだけである。脳の中心が喜びを感じることによって、健康という視座に立てば、色々な障害が除去されると考えてよい。特に視床下部にある下垂体は体全体を維持すべき刺激ホルモンを体に送るのである。

　中国も韓国も歴史認識ということで、ナショナリズム、つまり感情を持ち出している。中国、韓国、日本とを結び付ける知性はない。あるいは知性を必要としていない。その意味で感情を手段として平和を求めるしか方法は無いであろう。ヨーロッパにおけるような知性はない。感情だけでの相互理解は難しい。したがってナショナリズムを頼りにするしかないとすれば、3 国の和平は難しいだろう。儒教の創始者の孔子は偉大な思想家であったが、インターナショナルな側面はない。感情を重要視するのは 3 国の特色である。したがって、3 国の和平は一時的に成り立つことは在るかもしれないが、永遠なる和平は難しいであろう。

　ではヨーロッパ人は感情を大切にしないと言い切れるであろうか。決してそうではない。ヨーロッパの国々、ギリシア、ローマ、ドイツ、フランス、スペイン、イギリス、イタリアという国の歴史を顧みてみると、知性に優位を置かざるを得なかったことが理解される。知性に重きを置かなったならば、現在のEU は無かったであろう。例えば、ギリシアの歴史は約 3,000 年であるが、ほとんど戦争の歴史であった。これに反して東アジアの歴史には、支配と被支配という関係は少なかったということができる（ここで反論があるとする人はスペインがイスラム教徒によって約 800 年間支配されたことを考えてみてください）。「百年年戦争」とか「三十年戦争」という悲惨な戦争は東アジアに無かったといえる。もちろん、アジアには戦争が無かったというのではない。ヨーロッパにはキリスト教という共通の基盤があった。東アジアにはこのような共

第四十二論考　情（知・情・意の中の）　*121*

通の基盤がなかった。換言すれば、つまりヨーロッパには知性を掲げて平和を願うということができた。さらには感情を共通の基盤としていた。ヨーロッパで宗教の果した役割はアジアとは違うものであった。チンギス・ハン（またはチンギス・カン Chinggis Khan）の中国支配は百年満たなかった。中央アジアにイスラム教が広まり、チンギス・ハンの末裔（例えば、都市サマルカンドを造り、王朝を創設したティムール Timur、インドにムガール帝国を創ったバーブル Bäbur などがいた）にもイスラム教が広まった。しかしイスラム教がアジア全域に広まることはなかった。つまり東アジアには儒教はあったが、ヨーロッパにおけるような共通の基盤にならなかった。人間は知性に共通するもの、特に感情に共通するものを持つことが大事であると思う。もちろんナショナリズムに陥らないように注意する必要がある（第五十、五十九、七十論考を参照）。

平成 26 年 12 月 29 日

第四十三論考　　徳 治 主 義

　中国では歴史的に小説は文字通り「小さいことを語る」と理解され、小説家
は評価されなかった。明の時代に数多くの小説が書かれている。『三国志演義』
もその１つで、その作品の中で著者の羅中（字は貫中）は劉備を徳のある人物
として描いている。筆者には徳ある為政者として劉備が想起されるのである。
本当のことは判らないが、羅中は劉備や諸葛亮孔明に好意を寄せていたといわ
れている。一般に曹操のほうが武人として、指導者として、文化人として、詩
人として、優れていたという説がある。徳ある人間が支配者、つまり皇帝とな
り、指導者となり、為政者になることを徳治主義という。中国の歴史の中で為
政者が徳をもっていたかどうかの判断は難しい。御用歴史家がいたことを考え
ると、皇帝になったものを徳ある者としたのが「正史」（中国では24国史をい
う）ではなかっただろうか。

　善悪を厳しく区別し、その結果が、もし他国にも通用するとすれば、その
法は普遍的であるということになる。秦の始皇帝（嬴政）が中国を統一したと
き、李斯が助言者であったといわれている。李斯は荀子の弟子で法律を重要
し、それまでバラバラであった尺貫法を統一した。尺貫法だけではなかった。
政治は表面的に法治主義の形態をとった。しかし李斯が次男の胡亥を王につけ
ようとした。結果的に失敗し、秦の政権は15年で終わった。周（春秋時代の
紀元前552年に孔子が生まれた）の長い政権と比較すれば、あまりにも短い政
権であった。

　中国では伝説にもなっているように徳治主義が中華思想である。この思想
は夏の為政者禹の行政の伝統である（このことは最近の考古学で明らかになっ
ている）。中華思想の特色は天（皇帝は天の子であり、キリスト教の神に相当
すると考えてよい）を奉ることができるのは皇帝だけであった。この思想は清
まで続いた。毛沢東も中華思想に通じていた。いつになったら中国の政治に法

治主義を期待できるかどうかは断言できない。中国人も断言できないであろう。

　中華思想のもう1つの特色は官僚制度である。官僚制度とは科挙の試験制度である。国家試験で合格し、高級官僚となれば、知事などに任命され、地方に赴くのであるが、赴任する際には一族でその地に赴き、一族で任務地を支配した。一族がその官僚を頼りにして栄えたといわれている。皇帝は優秀であったといえないが、科挙に選ばれた人は優秀であった。徳治主義の例をもう1つ挙げよう。始皇帝に滅ぼされた楚の国の出身であった項羽は反秦であった。劉邦は反秦ではあったが、項羽のような恨みはなかった。項羽の恨みは兵隊にまで及んだ。優れた軍人の項羽は降伏した秦の兵隊に厳しく対処した。他方劉邦は寛大であった。兵隊から見れば、劉邦に徳があったのである。その結果は歴史が示すように、劉邦が項羽に勝ったのである。この事実は徳治主義の良い例であると思う。

　多民族国家の中国で、90％以上は漢民族であるといわれるが、これは疑問である。中国の中原は中華思想の発祥の地であり、夏の国があったところである。中原に集まった人間はすべて漢民族になるのである。ローマに集まった人間がすべてローマ人になったことと同じであり、ローマの支配地の人間がすべてローマ人であることに憧れた。これと同じことが中国にも妥当したのであった。清が支配した土地に住む者はすべて漢民族であるといってもよいようである。確かなことは断言できないが、4夷（北狄、東夷、南蛮、西戎）は漢民族ではないはずである。秦は西から、隋と唐は北から、清は東からやってきたのである。90％以上の人は漢民族であるということは疑問である。

　現在の中国共産党員は6,000～7,000万人と言われている。総人口の1割に満たないのである。幹部が優秀かどうかは判らないが、たぶん本人は優秀だと思っているに違いない。人間は一度手にした特権を手放すわけはない。選挙の無い中国でのことであるから伝統という名目のもとにすべての人は納得するであろう。共産主義という名目のもとでの毛沢東が晩年にしたことを考えて見るに、法治主義を期待することは野暮かもしれない。中国共産党と孔子とがなぜ結び付くか、筆者には理解できない。中国が外国で開く学校の名前に孔子の

名が付けられている。これもまた不思議なことである（第六十九論考を参照）。

平成 26 年 12 月 30 日

第四十四論考　　拝金主義

　「ユダヤ人のディアスポラに現在の世界的貧困の原因がある」といったら人は信じるであろうか。経済はそれぞれの国の問題であるという人がいるかもしれない。アリストテレスの経済学は家政学であった。つまり家計簿の次元での話であった。ところが経済は20世紀後半から21世紀かけて世界規模で運用されるようになった。1国の経済は、規模が小さければ、具体的に国の名は挙げないが、一夜にして破綻する可能性が出てきた。

　ユダヤ人がローマとの二度の戦争（66〜70、132〜135）で破れ、ユダヤ人は世界中に離散した。これがディアスポラである。世界に離散したユダヤ人は悲惨であったであろうが、逞しく生きたユダヤ人もいた。知的労働者が多いが、金貸しを生業とした人が多く、現在でも世界的に有名な人々が多くいる。少数の集団は大きい集団の中で常に差別される。しかしお金を持っていると事情は多少異なる。つまりお金を持っていると他の民族でも受け入れることが多い。これは現在でもよくあることである。良い例を挙げよう。アメリカの大統領選挙で、ユダヤ人の果たす役割は大きい。つまり選挙戦での資金はユダヤ人に依存しているのである。アメリカの歴代の大統領はイスラエルに対しては常に弱腰なのである。

　現在、世界で最も拝金主義が見られるのがアメリカである。日雇いで苦労する労働者が多いのであるが、アメリカ人の陽気さで乗り切っているように見える。しかしアメリカ人の購買力は虚構のものである。アメリカ人の消費が世界の経済に貢献しているかのように、外見的には見える。しかし現実は世界から富を求めて、18世紀以来、俗にアメリカンドリームを求めて、世界中から人が移民してくることも、また密入国してくるのも多いのである。かつてローマが経験したことであった。人類が発祥して600万年たつが、人類の移住がそのときから始まったということができる。今後も続くであろう。続くということ

は富を求めて、言い換えれば、経済的格差を梃子として、動機として人類はさまようであろう。そこには、戦争とはいわないとしても、戦いは無くなることはないであろう。

　冷戦時代が終わり、アメリカが1人勝ちした。ソビエトの崩壊はアメリカ人にとって、外見的には喜びであったが、自分たちの行き先を失ったのである。目標は政治からお金に変わったのである。ユダヤ人は意識せずして自分たちの出番がきたのである。ユダヤ人は金融を得意としてきた。多民族の中では金が最大の武器である。アメリカ人は国内でも、国外でも金儲けに奔走するようになった。例えば、アジアに経済危機が数十年前に起こったことがあった。アメリカ系ユダヤ人が投資した金を引き上げたのが原因であった。アジアの諸国、特に小さい国は一夜にして経済危機に陥ったのである。韓国も経験している。今の韓国の経済界の制度はそのときの経済危機を教訓にしている。

　経済は実体経済から投資経済へと変換しているのである。投資経済が実体経済を飲み込んでしまうのである。実体経済が一日10兆円であるとすれば、投資経済は1,000とか2,000兆円となるのである。格差、貧富の差は筆舌しがたく、避けることができないのである。世界は物質的には豊かになっているのであるが、金銭的には貧困化しているのである。大国でいくら通貨量を多くしても、すべてとはいわないが、大部分のお金の集まるところが限定されているのである。個人の間でも、個々の国の間でも格差が出るような仕組みになっているのである。この仕組みを何らかの方法で打破しなければならないのであるが、簡単にできるようなものではない。フィレンツェのメディチ家のように個別的に金融業を営んだ一族は世界にはいるが、ユダヤ人のように集団となって金融業を営んでいる民族はいない。例えば、イスラム教徒は金を貸しても利息をとることが禁じられている。ユダヤ人にも自分の住んでいる共同体での1人として働いている人もいるだろうが、金融業を営んでいる人の割合が多いのである。世界中でユダヤ人が嫌われた原因の1つは金融業であった。共同体に住んでいる人の素朴な感情であった。何かといえば、ナチスの残酷性が取り上げられるが、一般の国民の感情があったのである。ユダヤ人は国を追われたのであるが、離散し、定住したところには、古くから定住していた人々にとっては

ユダヤ人は侵略者であったのである。現在のパレスチナ（ローマ人による呼称で古くはペリシテ人と呼ばれた）人とイスラエル人の軋轢を考えると理解されよう。

　現在の経済規模は1個人の家計、1国の家計でどうにかなるという代物ではない。世界規模になっている。例えば、中国経済は世界経済を左右する。もちろん、中国だけではない。経済は世界のいくつかの中心となるところで、いくつかの中心となるところがあればよいというものではなく、金融は1つとして結ばれているのである。この意味で貧富の差、格差は世界中の至る所で生じるのである。これまでの対処では解決できないのである。2014年の12月にギリシア経済が再びヨーロッパを混乱に陥れようとしている。前回はうまく回避できたが、今回はどうなることか。世界の為政者は投資による経済に対する対処方法を間違うと、さらに人々の貧富の差に拍車をかけることになるのではないだろうか。為政者に期待しよう。

平成 26 年 12 月 31 日

第四十五論考　　純　　粋

　今までも数回この「純粋」という術語を使用してきた。しかし「純粋」という語そのものを詳細に吟味することはなかった。これからのこともあり、ここで詳細に吟味してみようと思う。純粋という術語はカントでは経験に「先立つ」とか「超えて」という意味がある。経験に「先立つ」とか「超えて」とかいう意味が本当に存在するであろか。例えば、「誕生」とか「死」は個人の経験に「先立つ」とか「超えて」ということがある。誕生と死は経験というよりは「体験できない」ことであるといったほうがよい。

　「1年早産説」もあるように、人間を野生の動物と比較すると、最低1年は親の世話を必要とする。しかし遺伝情報は書物にすれば、3,000冊分はあるという。一方「死」はアポトーシスという形で遺伝子の中に組み込まれている。われわれは進化の過程の中で、自分では経験できないと思っているが、かなりの量の遺伝子を持ち、経験できるように構成されている。

　プラトンやカントでは上で述べた話はまったく存在しなかった。「純粋」という術語をもう一度確認しよう。カントやロック（Rocke）では純粋は白紙（tabula rasa）を意味したと思うが、われわれは白紙で生まれることはない。どちらかといえば、遺伝子でがんじがらめの状態である。無から新しいものを作り出す余地などないのである。あるとすれば形式であって常に幅の広い状態で内包されている。「痛い」ということを考えてみよう。外の対象からの刺激を受ける受容体を介して、外からの情報は神経を伝わって脊髄を通って脳に伝えられる。その情報は内包されている脳の機能で整理され、認識されるのである。それで初めて「痛い」と感じられるのであるが、その幅は、手の小さな傷から骨が折れるような痛みなのか、あるいはまた生命を亡くするような痛みなのか、程度の幅は広い。ただ「痛み」を感じるという形式は与えられている。遺伝子の次元で見るならば、「痛み」を感じ取るためにいくつの遺伝子が必要

なのかは筆者には判らない。カントは思惟の形式であるカテゴリーだけが形式であるかのように言うのであるが、感覚に係る形式としての受容体は、思惟の形式としてのカテゴリー、つまり思惟の受容体として同数であると考えられるべきである。それが12個であるかどうかは速断できない。錯覚や幻聴のことも考えなければならないのであるから、12個以上あると思われる。カントは受容体を形式と考えていると断言することは危険であるが、われわれがものを考えるときはすべて個別的である。時間を介してわれわれには個別的に思惟されるのである。個別的に現れるのである。12個の範疇は同時に現象するのではない。あくまでもそのとき状態によるのである。

　形式は受容体として、外からの刺激、内からの刺激を受け入れるものと考えられる。しかも脳は一部の部分が働いているだけではなく、多くの部分が同時に働いてまとまりのあるものとなる。脳は無から創造することはないのである。アプリオリに創造するというが、それは遺伝子に内包されている形式の創造であるが、無からの創造ではない。生まれたときはすでに、進化の過程で獲得した情報を多く内包しているのである。あるいは母親の胎内で、外からの多くの情報を獲得しているといわれる。

　構想力は頭の中に像を描く能力であるが、視覚像は常に感覚の外に像があるとは限らない。第一視覚像は確かに後頭葉に作られるが、完全な像が作られるわけではない。視覚野に作られた像はさらに分解され頭頂葉と側頭葉へと送られ、総合され完成するのである。像は視覚野が無くても完成するのである。しかし完全かといわれれば肯定しがたい。夢を考えれば納得するだろう。カントは哲学を自然哲学と道徳哲学に分けた。構想力は自然哲学における像に係り、理性は推論の能力であるといった理由は、理性は自然に係らないことを示したのであろう。カント哲学は知性が感性に対して優位を占めるということでコペルニクス的転回といわれるのであるが、頭の働きを無限とすることで知性に優位を置いたことは評価されてよいだろう。構想力は頭の中に像をつくることであるが、後頭葉だけで像をつくるのではない。後頭葉の第一次視覚像が正しいとは限らない。確認が必要である。そのために像の情報は数か所に送られ、確認されるのであるが、筆者にはそれ以上のことは判らない。というよりもまだ

確定されていないようである。

　外からの刺激、内からの刺激、すべての刺激は脳を介して理解される。記憶されているならば、経験ということになり、記憶されていなければ、未経験ということになるのであるが、像として表象されたものはすべて記憶されているものであり、いたのである。記憶されていないものが展開し、拡大することはない。つまり純粋認識というものは存在しない。カントの言う理性は推論能力であるといわれるが、像を創造することは無いだろうか。言葉の推論は言葉しか創造しないとカントは考えたものと思う。モーセの「十戒」は、具体的像を創造させるが、カントの命法は像を想像させることはない。しかし現実の現象界は徳目で対処しなければならない。つまり像を想像しなければならない。「人を殺すなかれ」といえば、人を殺した結果を想像するだろう。カントの命法は確かにモーセの「十戒」を借用したものであろう。キリスト教徒ならすぐ理解できる。たとえモーセの命法とは違うとしても、徳目主義でないとしても、現象界では徳目になってしまうのである。二元論の立場ならば、あちらの話だということで片付くであろうが、この現象界における者は徳目の中で生きているのである。

平成 27 年 1 月 2 日

第四十六論考　　直観の形式

アウグステヌスの時間論は有名である。それによるとわれわれが「時間とはなにか」と問うと直ちに時間の難しさに直面し、袋小路に陥るというのである。「ゼノンのパラドックス」を想起させるのである。カントは時間と空間は「直観の形式」であるというのである。われわれ現代人は地球の自転運動から時間概念を抽象し、それをクリスタルのパルスを使用し、定義しているのである。その意味で時間の根拠は運動なのである。

ドイツ語で直観とは Anschauung といい、anschauen という動詞に由来する。ラテン語では intueor といい、intuitio（直覚するとも訳される）という動詞に由来する。日本語では「直接に外物を把握する作用」といわれている。しかし脳の研究をすると、われわれは「外物を直接に把握できない」ことが理解される。例えば、プリズムを通しての７色も現象界では吸収されなかった残りの色が見えるだけであることは中学生でも知っている。筆者は今まで運動そのものを理解できないことを何度か述べてきた。われわれは「外物」そのものを把握できないのである。脳の働きは一見外物そのものを認識しているように思われるのであるが、決してそのようなことはなく、複雑な作用の結果、そのものであるように見せかけるのである。脳の働きは感覚情報を大事にし、つまりそのものであるように扱うが、決してそのものではない。脳の働きをそのまま信じることはできないのである。われわれは「如く」にしか認識できないのである。

時間は上で述べたように、地球の自転から抽象化され、われわれによって作り出された抽象概念である。これに対して空間はわれわれの運動が妨げられない限り存在する。しかし物理学、特に素粒子論からみれば、空間は存在しないのである。空間は、空気、つまり素粒子で充たされている。空間は存在しないのである。我々は「空間がある」と誤認しているのである。空間とはわれわれ

の想像物である。時間も「実在する」とされる想像物である。したがって、時間も空間もわれわれ人間が作り出した概念である。われわれの認識が形式と内容との一致によって成り立つというのはカントの錯覚ではないだろうか。直観の形式とはなにか。内容とは何か。1,000億のニューロンの中でいくつが形式にかかわり、いくつが内容にかかわるか、そもそも形式とか内容というようなものが存在するかどうかはまったく不明である。いつの日か解明されると思うが、現在は断言できるようなものはなにもない。脳はいくつかの局部の相互作用で認識を成立せしめている。それぞれの局部はそれぞれの任務をもって認識を可能ならしめていると考えられる。現在、脳の機能局在までは理解されているが、どの機能とどの機能がどのような働きをなし、何を認識するかはまだ細部の部分までは理解されていない。大まかな認識しか理解されていない。例えば、海馬が扁桃体の助けを借りて記憶をより確かなものとするといわれている。

　ここで誤解されてはならないことがある。脳の働きは確かに重要であるが、しかし一次的な感覚機能がまず優先されるということである。つまり脳の内部でそれぞれの局部は相互作用して認識は成立するのであるが、嗅覚、視覚、聴覚、味覚、触覚がまず優先されるということである。脳の働きは結果として二次的なのである。時間も空間もそれぞれの感覚が優先された結果、成り立つ概念である。したがって、「直観の形式」という術語は方便として考え出された概念であって、コペルニクス的転回といっても、論理は論理以上のものではないから、感覚の一次性を覆すことはできないのである。「ゼノンのパラドックス」を想起していただきたい。

　脳の機能と五感を切り離すことはできない。もしカテゴリーがカントの言う通り12個であるならば、五感にも適応されなければならない。運動野だけで食事するのではない。腐敗したものなどを嗅覚野で匂いを確認し、視覚野でも色を確認しているのである。外のものを運動野でも確認し、聴覚野でも確認して、見ているのである。このように思惟の形式、つまりカテゴリーが感覚にも適応されないとすれば、脳の働きは限定され、内容の無い形式だけの認識となってしまう。コペルニクス的転回は思惟の優位性および広義性を目的とした

が、結果的に感性を軽視したのである。カントはおそらく『純粋理性批判』で感性の軽視に気づいて、『判断力批判』で感性の復権を目的としたが、成功しなかったといえるのではないだろうか。

平成 27 年 1 月 17 日

第四十七論考　　天と地　自然（神）

　古代都市ティルス（またはティロス：現在のレバノンまたはヨルダン）は
フェニキア人の都市であった。この都市から分派した人々が造った都市は、カ
ルタゴ、コルシカ島の都市、サルディニア島の都市、シチリアの都市、ヒスパ
ニア（スペイン）のカルタヘナ、マラガなどの都市はフェニキア人の植民都市
であった。他方、ギリシアにも数多くの植民都市があった。エーゲ海の島嶼
における都市、ホメロスの作品に出てきたマルマラ海への入り口にあったトロ
イ、黒海の南にあったシノペ、アナトリア半島の南にあったミレトス、そのほ
かにエーゲ海を臨んであった植民都市、またシチリア島にも植民都市があっ
た。フェニキアとギリシアの勢力争いがあった。ホメロス作品では具体的な
国名は定かではないが、国（都市国家）同士の争いは熾烈であったと想像され
る。ローマは、双子の兄弟ロムルス（Romulus）とレムス（Remus）とが争
い、ロムルスが勝ち、ロムルスによって設立されたという伝説があるが、別の
伝説ではトロイの戦争で敗れた将軍が敗走してローマを設立したという話もあ
る。ギリシア語のアルファベットはフェニキア語の影響を受けて成立したとい
われている。蛇足であるが、このギリシアとフェニキアの争いにキプロス島を
故郷とするパレスチナ人（ローマ人がペリシテ人をパレスチナ人と改名した）
が加わったかどうかは不明であるが、パレスチナ人が住んでいた土地に、エジ
プトからやってきたユダヤ人が都市を造ったのが、紀元前 10 世紀であった。
フェニキア人、ギリシア人、パレスチナ人、ユダヤ人、メソポタミア人（コー
カサス山脈を越えて南下し、イラン高原に入り、マケドニアの王アレクサンド
ロス Alexandros 大王によって焼き払われたペルセポリス［ペルシア人の都市
国家という意味でアケメネス朝のダレイオス Dareios 一世によって造られた］
を造り、その一部がザクロス山脈を越えて東からメソポタミアにやってきたペ
ルシア人）などが入り乱れていた。メソポタミア人の伝説が、聖書の成立に影

響を与えたといわれている。またメソポタミア人の自然学がギリシアの植民地を経てギリシア本土に取り入れられたことはよく知られている。ソクラテス以前の哲学は自然哲学であったことが納得される。

　紀元前5世紀になってソクラテスが現れることによって、哲学にあらたに道徳哲学が加わった。つまり人間の生き方が考察されるようになった。ダイモニア（物事に左右されることのない一貫した規範、統制する理念、良心といったもの）が考察されるようになったのである。しかし、ソクラテスはアテナイというポリスには受け入れられなかった。ソクラテスの提言が考察されるようになったのはプラトン以降である。そのプラトンには自然哲学はない。自然哲学がアリストテレスに至って復活した。アリストテレスの哲学は紆余曲折しながらキリスト教に受け入れられた。そのキリスト教は道徳哲学も自然哲学も支配したのであった。

　ソクラテスの哲学が出現したからといってもギリシアの一般の人々に大きな変化がすぐ生じたわけではなかった。事実ソクラテスは異端者として死刑となったのである。ヨーロッパにおいて一般の人々に大きな変化を齎したものはキリスト教であった。特に313年にコンスタンティウス（Constantius）によってキリスト教の自由信仰が認められ、380年にテオドシウス（Theodosius）によってローマの国教とされた。このことによって、道徳哲学というよりも宗教哲学が優位を占めることになり、哲学は宗教の下女となった。哲学が宗教を支える学問となったのである。アリストテレスの自然学もキリスト教の下僕となったのである。アリストテレスの自然学は宗教の下僕となるようなものではない。現在ではアリストテレスの自然学は宗教から解放されているといってよい。そのきっかけはコペルニクスとガリレオであった。現代では道徳哲学の最後の拠り所は神であるが、当時は最初に神があったのである。確かに「信じる」ことは人間の本質であるが、その対象がエホバでなければならないことはない。

　多神教を主とする国々の人々は1つの神にすべてを委任することはなく、役割分担させるのである。例えば、中国の天は一神教的な要素をもっているが、これは皇帝の神であり、一般の人々の神ではない。一般の人々の神は皇帝であ

る。キリスト教のいう一神教とは大分違う。中国での一般の人々の神は複数であり、この点では日本も同じである。複数の神々の背景には自然があり、自然こそ神々である。自然は幸不幸の源であり、われわれ人間に両者を齎すのである。自然は絶対的でなく、相対的であるが、われわれ人間を超えているのである。したがって、われわれ人間は幸を齎すように自然（神々）にお願いするのである。だからこそ信仰が必要である。自然が多様であり、われわれ人間は刻々流れるのであるからこそ、多数の神々が必要なのである。多くの神に身を委ねるのである。多くの神から保証されることによって安心を得るのである。

平成 27 年 1 月 25 日

第四十八論考　　格　　差

　人間は猿から進化したといわれている。進化とは進化する前の動物と進化後の動物とは格差があることである。格差が無ければ進化していない。猿と人間とは格差があることはいうまでもない。人間の歴史は格差の歴史であった。最近日本で、フランス人のトマ・ピケティの著作が経済人の間で議論の的となっている。経済とは経国済民の学問であったはずである。トマ・ピケティが言い出すまで、日本の経済学者たちは格差を忘れていたのであろうか。格差がいたるところで提起されていた。しかし外国人が提起するまで知らん振りしていたのであろうか。最近の日本では高齢少子化が現象として現れたときはすでに格差が現れていたはずである。事実、1,000兆円の国債がこの格差を表現していると断言してよい。政府が国債を発行したとき、なぜ格差が問題にならなかったのであろうか。経済学者の怠慢である。もしそうでなかったなら、経済学者は経国済民に鈍感であったということになる。

　カール・マルクス（Karl Marx）が『資本論』を出版したときは、すでにイギリスでは格差が問題になっていた。政治家はエンクロイジャーが起こったときに格差に気づくべきであったろうが、16～17世紀のエリザベス女王の富国論、つまり重商主義のため、格差が無視されたわけではないが、軽視されていた。産業革命後格差が鮮明になって、ドイツ系ユダヤ人のマルクスが格差に気づき、資本主義が続けば格差が一段とひどくなると思ったのであろうと推測される。それが『資本論』を書く動機になったものと思う。レーニン（Lenin）も毛沢東も格差を無くするために戦った。しかし格差はなくならなかった。ロシアや中国をみると、戦った一派は更なる格差を求めていたし、求めている。ソビエトが崩壊し、アメリカは行く先を見失った。目的は金だけである。アメリカ人は機会均等という術語で平等を表現しようとする。しかしこれはまやかしである。人間は色々な面で平等ではない。生まれたときから、北半球、南半

球、自然環境、地域社会、家柄、性別、能力、個人の資質など、すべてが不平等である。宗教家はいう「人間は神の前で平等である」。しかしこの言葉は人間が平等ではないことを前提している。

　確かに経済成長しているときは、われわれの格差に関しての意識は薄れる。仕事に就いて報酬があれば、格差の意識は薄れる。失業者や年金だけの人は格差をいつでも意識する。格差の意識は薄れることはあっても格差はなくならない。不平等もなくならない。政治形態がどのように変わっても、経済がどのように変っても、不平等はなくならない。また格差もなくならない。プラトンは比較的穏やかな性格の持ち主であったが、プラトンの『国家』における教育論をみても能力のある人は優遇されるが、能力の劣る人はそれなりの待遇を受ける。国家という組織の中ではまったく無視されるとはいわないでも、廃人のように待遇されるのである。格差、不平等は人間の影の部分である。この部分を、政治制度と経済制度とを超えて、何らかの方法で解決しなければならない。

　プラトンの『国家』は理想郷としての共同体であった。というのは後に彼が国家作りのため、シシリア島に渡ったが、失敗したのであったからである。また歴史上、何人かの人々が、共同体を作り、個人所有を認めず、財産を構成員の全員が平等に所有するという共同体を作った。イギリス人のバークリィ（Berkeley）がアメリカに共同体を作ったことがあり、また宗教家がつくった例としてはモルモン教団が有名である。日本の農協も理想的共同体を目的としたのであるが、必ずしもうまくいかなかった。組合員の農民のためのものであったが、いつしか職員のための農協になってしまった。現在（平成27年2月）政府と農協とが駆け引きを行っているが、結論はどうなるのであろうか（筆者としては農協がなくなったほうがよいと思う）。共同体では格差を認めた上で運営することが重要のようである。格差は100人いれば、100人の序列ができる。この序列はすべてのことに妥当する。したがって、序列を認め、それぞれの個人に適合することを認めてその個人にまかせるという適材適所ということしかないように思われるが、これだけでは共同体の運営は破綻するように思われる。様々な問題に直面しながら解決するしかないと思われるが、筆者の

考えは甘いような気がする。なぜならば人間は知性だけで生きているのではなく、気まぐれな感情もまた人間を構成する要因であるからである。

　不平等が現実であるならば、平等はそこから導き出され、推論された概念、つまり理念である。構成的理念は探求の対象となる理念であるといわれるが、われわれを規制する理念は統制的理念といわれ、われわれの実践を統制するのである。平等は不平等を統制するのである。不平等であるから平等を求めるのである。つまりわれわれの生き方を平等という理念で統制するのである。このような理念の下で、たとえ不可能であることはわかっていても、平等を達成するように努力しなければならない。格差を何らかの方法で少しでも埋めるように努めなければならない（第五十二論考を参照）。

平成27年2月4日

第四十九論考　エポケー（epokhe）

　人間の思索の結果から、一般にその人が「頭が良い」とか、「頭が悪い」と表現される。例えば、数学者が一般に「頭がよい」といわれる理由は思索力である。あるいはまた思索を長く続ける（集中力）ことのできる人が「頭が良い」と表現される。ある特定の対象を思索し続けることは、ADHD（attention-dificit hyperactivity disorder）といわれる人には不可能である。思索とその深さは「頭の良さ」を表すことが確かであるが、それで日常生活が何の困難もなく、送れるということではない。日常生活ではときにエポケーが必要である。

　エポケー（判断中止）とは、古代ギリシアのビュロン（Πύρρων）および彼以後の懐疑主義者たちが使用した術語である。現象の世界は表裏一体でどちらが真理であるとは断言できない。対立を防ぐためには判断しないほうが良いというのである。近代では現象学の提唱者のフッサール（Husserl）が使用した術語で、純粋意識を獲得する手段として使用した。

　筆者がエポケーを取り上げた理由は、人間はときにはエポケーしないと、また判断力が狂ったまま思索を続けると取り返しのつかない状態に陥ることがあるからである。取り返しが不可能となる例は個人によるものではなく、むしろ集団による場合が多い。第二次世界大戦のときのナチスや日本軍よる行為の結果が想起されよう。また「日本赤軍」「オウム真理教」などが想起される。また現在では「イスラム国」が挙げられる。集団の中では穏健な思想や意見は排斥され、激しい思想や意見が受け入れられ、残忍な行為のほうが受け入れられるのである。人間は集団になると、他の動物では考えられないような残酷で、残忍な動物になり、いままで無かったような残忍なことを考えだすのである。

第四十九論考　エポケー（epokhe）　*141*

考えることができるということはある意味では非常に残忍なことを招くのである。

　キリスト教に原理主義者といわれる人々がいる。この人々は『聖書』に「〇と書いてある」といって聖書に固執する人々を指す。イスラム教徒では『コーラン』に「〇と書いてある」とよくいわれるのであるが、原理主義というかどうかはわからないが、一般によく使われる手法である。例えば、豚肉はもちろんのこと、その処理した道具まで、豚にかかわることすべてが食事のために使用されてはならないという。この意味でイスラム教徒はすべて原理主義者である。ムハンマドは商売を営んでいた女の下に婿入りしたのである。ムハンマドは商人であった。イスラム教は一般の人々には非常に厳格だが、商人にはそれほどでもない。この宗教ほど預言者の状況を示している宗教はない。多神教の余韻も感じられるが、ユダヤ教と同じく一神教なのである。

　個人においてはエポケーが成り立つのであるが、集団の中でのエポケーは可能であろうか。集団は、多くの場合、自滅に向って進んで行く。これを途中で、中断させるためには集団組織を壊滅させるくらいの力が必要である。それは知性（理性）しかない。イスラム教では長老がいて、その役目を果たすといわれている。イスラム以外の一般の人々には知性しかない。いっそう強力であるのはナショナリズムに基づく感情であるが、感情では普遍性を見いだすことは不可能である。知性ならば、個人の立場を超えて対処することができると思う。カントのいう定言的命法もその１つであろう。人間の知性を信じた歴史の無い国々においては、「知性を信じる」ということは難しいのだが、冷静になるためには、知性を信じエポケーすることも１つの方法であろう。

平成 27 年 2 月 5 日

第五十論考　　親　孝　行

『論語』の子路篇（321章）に次のような文章がある。本文は省略して訳だけを明記しよう。

> 葉公は孔子に向っていう。
> 「私の町内に、嘘をつかない男として名の通っている者がいる。父親が羊を盗んで、裁判を受けたとき、その息子であるにもかかわらず、その事実を証言した」
> これに対して、孔子は次のようにいった。
> 「私の町内で、嘘をつかない人とは全く違う。父親は子供をかばい、子供は親をかばう。それが嘘をつかない人間というものです」。

葉公の立場は法を重んじる立場で、善悪を厳しく判別しているのに対し、孔子の立場は、善悪を論じるのではなく、親子という人情が優先している。

　筆者は今まで何回か孔子にはインターナショナルな側面はないと批判してきた。その批判の根拠はこの部分であった。しかしこの文章は本当に孔子の文章かと疑いを持っている。にわかには信じられないのである。もしこれが本当でないとすれば、筆者は孔子を誤解したことになる。筆者の理解が正しいとみなして先を論じてみよう。

　中国共産党は多くの人の思想を否定しているが、孔子の思想を否定できない。なぜだろうか。夏の中華思想は5000年経っても変わらず中国人の基盤を作っている。この中華思想に孔子がどの程度基づいているか、筆者には答えられない。孔子が重視した書物といえば、五経である。つまり易経、書経、詩経、礼記、春秋の五経で、儒教の経典といわれている。中国の歴史を5000年とし、孔子が生まれたのは紀元前6世紀とすれば、孔子以前の歴史は約2400年あったことになる。西からやって来た新人類は20万年の歴史を持つとすれば、5000年の歴史はそれほど長いものではないが、日本の歴史と比べれば、

とてつもない長さである。

　親孝行の概念は、もちろん日本においても、特に一人っ子政策を採った中国においても、現代になって大きく変化した。親孝行は介護の問題となってきている。日本の政府が耐えられるかどうか、大きな問題となっている。それ以上に大変なのは中国である。親のためならば、不法なこともするのが、親孝行であると孔子はいったが、現代の中国では許されないだろう。最近の中国では不正の浄化が叫ばれている。それを無視しての親孝行はないだろう。中国の高齢化は、日本の状況から判断できないようなひどい状況になるのではないかと予想される。中国人は法治国家を目標として政治体制を作り上げるか、さもなければ、もう一度、文化大革命のようなことを経験しなければ、国民の格差の問題を解決できないであろう。儲けることのできる人から儲ければよいといっても、国家財政は1年に40兆円消えるといわれているような国であってはならない。消えるといってもそれは賄賂であるか、窃盗である。一部の役人が行っているといえば、解決するというようなことではなく、おそらく大小はあってもすべての役人にかかわることであると思われる。文化大革命は国内の政治を引き締めるのにはよかったが、鄧小平の政治革命が、経済の拝金主義を一段と拍車をかけたのであった。中国はもともと多民族国家であり、金でしか結びつかない国家であった。共産主義を忘れた人間が金儲けをけしかけられたのであるから、格差は当然進む結果となった。中国人は自分の進んでいる方向を自覚し、対処しなければならないと思われる。

　「親が子をかばい、子が親をかばう」というだけならば、美しい話である。もしそれが犯罪をかばうものであったら、どうなるであろうか。法律の枠内ならば、人は皆賞賛するであろう。しかし法律を犯すものであったなら、当然非難されるだろう。孔子は法律の枠内でいっているのではないことが理解される。孔子は偉大な思想家であるが、このか所は孔子の言葉かと頭をかしげるのは筆者だけであろうか。

　中国の歴史を振り返れば、近年、夏の王朝が中原の西で、黄河の南に二里頭というところがあって、この二里頭が、夏の都であったらしいという説が定説となりつつある。中国の歴史は夏・殷・周と続くのである。尭・舜・禹という

伝説上の偉大な支配者（為政者）がいた。禹は夏の王となった人で、それ以前の堯・舜は伝説上の人物といわれるのであるが、『徒然草』に出て来る「許由」は舜から政権を禅譲されたが、それを拒絶し、入水したといわれている。禹も禅譲された１人であったと考えられるが、本当のところは判らない。孔子が活躍したのは周の春秋時代の魯の国であった。五経は孔子より以前の夏（中華思想の源は中原にあった夏王朝の夏と華は同じ発音であったことに由来するといわれる）・殷の時代の作品であったと思う。五経は孔子がよく研究した経典であるといわれる。中国の歴史の中では圧倒的に儒教が重んじられた。仏教・道教が重要視されたのは則天武后（623 ～ 705）が活躍した唐の時代の一時であった。

　中国人の利己主義は孔子の最初に挙げたか所にあると思う。孔子の思想にはヨーロッパのキリスト教に見られるような普遍主義はない。親孝行は本来一族いや一家庭の問題である。多民族の間ではお金だけが唯一の仲介者となる。したがって、社会全体は拝金主義となってしまう。しかし中国は幸いなことに共産主義という形態を採っている。為政者が自覚して政治を行うならば、格差の少ない社会を形成できるものと思う。

平成 27 年 2 月 12 日

第五十一論考　　偶　　像

「神はどんな姿をしているのであろうか」「人間は神の姿に近いだろう。なぜ
ならば、神は自分の姿に似せて人間を創ったからだ」。これは、神が人間を創
造したと信じれば、当然の会話であろう。なぜ偶像が創られるのであろうか。
人間の認識は7割が視覚であるといわれている。「見ることは信じることだ」
とも言われるように、視覚は認識にとって重要な働きをなしているのである。
ブロードマンの脳機能分類によれば、視覚は47か所のうち24か所以上の働
きがあってものが見えるのである。「信じる」ということを裏付けるには「見
える」という感覚の作用があれば、一段と確実なのである。「見える」という
ことの弱さであろう。盲人は見える人よりも強靭であると想像される。「信じ
る」ことは「見える」ことを要求する。人類の歴史は宗教を欠くことがなかっ
た。偶像を認めなかったのはムハンマドだけである。

　彫刻像を偶像というのは宗教とのかかわわり合いでいう。一般に芸術作品
としての彫刻は偶像とはいわない。モデルが明確である場合も偶像とはいわな
い。偶像とは聖なる人物を象徴する場合に使われる術語である。聖なる像は作
家の個人的意図を表現してはならない。もし彫刻像がそのようなものであるな
らば、破壊されなければならない。偶像破壊（iconoclasm Ikonoklasmus）は
キリスト教国でもあった。ギリシア正教の8～9世紀にあって、東ローマの
都コンスタンティノープル（古くはギリシアの植民地でビザンチと呼ばれ、現
代はトルコのインスタンブールである）にも影響を与えた。そのほかに東方キ
リスト教徒国（ローマより東にある国々）にも影響を与えた。それゆえこれら
の国々ではイコン（聖人画）が重宝した。人間が頭だけで他者（神）を信じる
ことは難しいようである。イスラム教徒は偶像を認めていないが、それに代わ
るものがあるといってよい。筆者はメッカにある本山ガーバ神殿やモスクでの
ガーバ神殿の方向、つまりキブラを表わすミフラーブやミナレットなど、また

アザーンもイスラム教を象徴する役割をなしていると思っている。聖像は特定の宗教を象徴するものであると思う。仏像を見て、キリスト教を象徴していると思う人はいないだろう。仏像の後ろの火炎は拝火教（別称．ゾロアスター教　紀元前７頃　アケメネス朝やサーサーン朝で尊崇された　現在のイランで栄えた）からの借り物であることを知っている人は火炎が拝火教の象徴であることを理解している。象徴とは部分的なものであっても全体を象徴するのである。

　偶像破壊は一見合理的と看做されるが、人間は本来的に不合理な生き物である。いや一方では合理的に生き、もう一方では不合理的に生きる動物である。人間は食い過ぎは体には良くないと理解していて、食い過ぎるのである。食い過ぎる動物は人間だけであるといわれる。偶像は破壊されてもなくならない。しかしまた次の偶像が創造される。なぜならば、偶像は象徴であって、そのものではないからだ。偶像の否定は本体の否定ではない。例えば、イエス像の否定はキリスト教の否定ではない。仏教でいえば、薬師如来の否定は仏教の否定ではない。そのものを否定しない限り、像は否定されないのである。

　哲学を学んだことのある人ならば、偶像といえば、フランシス・ベイコン（Francis Bacon 1561 ～ 1626）のイドラを想起するだろう。イドラを詳しく考察することは別の機会に譲ることにして、簡単に触れることにしよう。イドラは４つ、つまり種族の偶像、洞窟の偶像、市場の偶像、劇場の偶像からなり、人間はこの偶像（むしろ幻想と言ったほうがよいのであるが）を創り生活しているという。ベイコンから離れて考えて見よう。我々は政府の発行したお金を使用している。原価は 20 円位の１万円札を、１万円として使用し、20 円として使用しているのではない。マネーゲームといわれるほとんどのものが幻想である。金融取引、株式取引、先物取引、生命保険などはすべて信用で成り立っている。信用で成り立っているものはほとんど幻想である。リーマン・ショックを経験した人なら誰でもすぐに理解できるものと思う。大げさな言い方をすれば、われわれの日常の生活は幻想で成り立っているのである。

　偶像と幻想は直ちに悪というわけではない。利用の仕方である。兌換紙幣ならば、信用を必要としないが、兌換紙幣が可能な経済規模と比較すれば、現

在の日本の経済規模はあまりにも違いすぎる。現在の経済規模では兌換紙幣の運営はできない。そこで為政者または経済にかかわっている人々、特に金融に係っている人々は幻想と理解しているが、その幻想から離れることはできないのである。その意味では非常に危険な道を歩んでいるのである。

平成 27 年 2 月 14 日

第五十二論考　　平等と人権

　人権は神に保証されて人権なのである。人間が人権を保証しては人間の驕りとなる。それは預言者、つまりアブラハム、モーセ、イエス、ムハンマドではなく、神、ヤーベ（ヤッハウェイ）、エホバ、アラーでなければならい。筆者は仏教徒であり、無神論者である。仏は人権を保証するという話は聞いたことはない。したがって、筆者を保証する神はいない。人権を主題とするような事件に係らないのがよいのであるが、何事もなく死ねるだろうか。カントに言わせると、統制的理念というもの、特に「定言的命法」というものがあるというが、本当に筆者を守ってくれるのであろうか。日常、あまりにも多くの人の命が失われているのではないだろうか。カントのいう命法は虚構か。

　「人は神の前では皆平等である」といわれる。人権とは犬や猫が保証するのではない。ユダヤ教もイスラム教も男尊女卑の宗教である。宗教だけではない。世界のほとんどの国で、男尊女卑の思想で日常生活が営われている。平等のないところには人権はない。しかし残念なことに、人間は生まれたときから不平等である。原因は 1 つだけではない。原因となるものは数に限りが無い。それは色々なことを原因としている。筆者の知る限りでは、まったく無いということは無いと思うが、男性の女性に対する暴力ということで考えてみると、西洋のキリスト教国では男尊女卑は比較的少ないようである。インドの男尊女卑は宗教がかかわっているかどうかは筆者には判断がつかないが、世界的に有名である。

　人間ならば、生得的不平等を何とかしたいと思うのは当然であろう。ローマの奴隷であったスパルタクスの反乱は、紀元前 73 〜 72 年にあった。この反乱は歴史上有名である。中国の歴史でいえば、前漢の時代である。中国では、この後は後漢、三国時代と続くのである。いずれにしても自由のため、平等のため、一般の人々が反乱を起こすということは考えられなかったであろう。自由

と平等のために、為政者や支配者と戦った歴史はヨーロッパにはあった。しかしアジアにはなかった。ギリシアに人種に対する見解がある。ヨーロッパ人（たぶんケルト人）は気性が激しくすぐ戦争するが、アジア人（たぶんインドより西の人々、エジプトで王朝を築いたヒクソスと呼ばれたアジア人）は気性がおとなしく従順である。この評価は今でもいうことができるかも知れない。ヨーロッパの歴史を振り返れば、戦争は宗教戦争であったということができる。われわれアジア人がその結果を受け入れて、平等と人権をヨーロッパ人と同じものと考えても良いのであろうか。

　ヨーロッパ人のいう神を信仰しなくても、平等と人権を可能ならしめることができるのではないだろうか。人間は自然の中にあり、歴史の中にある。自然は、どのように技術が進んでも、現在のところ人間の力ではどうにもならない。歴史も過去のことであるからどうにもならない、しかし、温故知新といわれるように、未来のことに関しては希望をもつことができる。

　現在の北朝鮮や中国をみて「国民が平等である」とか、「人権は保証されている」という人はいないだろう。日本や韓国でさえ、キリスト教徒国の人々からみるならば、「十分である」という人はいないであろう。もっともキリスト教国の人々の見方には一種の偏見がある。例えば、日本では女性は「職場では平等ではない」からもっと「女性を活用すべきである」という人がいる。しかしこの意見は、経済上の隠された部分があるような気がする。男性が外で働いて十分な賃金を獲得するならば、女性は外で働く必要がない。女性の活用は外で働くだけではないだろう。女性が社会運営に絶対に必要であるということはない。女性をもっと社会運営に参加させれば、もっとよくなるのではないかということであって、女性が社会運営に参加すれば、「絶対にうまくいく」ということは幻想ではないだろうか。やらせてみなければわからないのである。筆者は男性だからこのようにいうのではなく、女性も人間だから、一面的に見るべきではないと筆者は思うのである。北ヨーロッパでうまくいっているので、他の地域でもうまくいくだろうということである。

　男と女とを区別する必要はない。男が家にいて、女は外で働いても良い。しかし忘れてはならないことは生物としての連続である。もちろん、類として連

続しなければならないということも幻想である。人間の恣意で連続を断ち切ることは横暴であろう。類として連続性が保たれるならば、性別やその行為や成果にこだわるべきではない。こだわりをすてることによって平等は実現されるであろう。性別を考えない人間の権利は必要となり、その権利が保証されるような社会になれば、平等も人権という術語は必要でなくなるだろう。生得的不平等は社会的営みの中に積極的に参加することによって無くなるであろう。しかし、消極的な人間もいることは事実であるから、いや、人間は怠惰を本性とするから、平等も人権も永遠の課題となるかもしれない（第二十三、五十七論考を参照）。

平成 27 年 2 月 17 日

第五十三論考　　共同体の崩壊

　筆者は 68 歳である。共同体の崩壊は団塊世代の後の現象のように思われるが、筆者は青森の小さな城下町の出身で、町の縮小は 60 年位前から始まっていた。大きな城下町はまだよかったのだが、多くの小さな城下町は明治維新後の開放改革の波に乗ることができなかった。東北で言えば、仙台、盛岡、福島、弘前、八戸などは城下町でありながら比較的明治維新の勢いに乗ることができた町である。日本海側にあった城下町は波にうまく乗ることができなかったのである。江戸時代にまで比較的栄えた日本海側にあった城下町は、明治維新後は廃れるだけであった。今でも続いている。人口減少という観点からみれば、日本海側の町村に限ったことではないが、全国的な規模で著しいのである。人口減少を止める方法があるであろうか。少子高齢化という現象は経済的豊かさに比例している。もちろん、キリスト教国では事情が違う。東アジアの人々は神を頼りにする思想はない。儒教では人が多いこと（家庭に人が多いこと）は豊かさの象徴であった。しかし、第二次世界大戦以降、個人の生活レベルの向上は、核家族化を招き、家族の人数が減り、豊かな家族生活が望まれるようになった。多くの人々から構成される家族は家族としての収入は多くても、個人が使うことのできる金額は少ないのである。だから核家族が増える結果となったのである。キリスト教国では核家族という考え方は古くからあった。東アジアでは新しい考え方なのである。

　日本の豊かさと同時に地方の町村の過疎が始まり、いまでは大きな町、都市でも少子化が始まって久しい。色々といわれているが、最終的に人口はどの程度となるかは予想つかないが、たとえ経済的状況が悪くなったとしても江戸時代の 5,000 万人以下になることはないと思うが、これは希望である。女性が子供を産まない限りどうにもならないのである。好き嫌いという感情にも左右されることである。したがって、結婚と同様に両性の同意が必要であり、女性の

子育てに対する喜びと意識と使命感に期待せざるを得ない。もちろん、配偶者の協力が必要であるが、それだけでは子育ては無理であろう。仕事に使命感を持てば、子育ての意識は薄れるであろうし、喜びも薄れるであろう。したがって子育ては容易ではないだろう。また色々な条件の解決が必要であろう。今後の科学的進歩に期待できるが、それも１つである。最終的条件は１つではないだろう。女性の個人的条件が充たされない限り出産は不可能であろう。男の筆者では結論は出ない。過疎の問題は経済的条件ばかりではない。出産可能な男女の関係が重要である。結果に関しては本人たちばかりではなく、周囲の人々の祝福する環境が必要である。

　村の崩壊にどのように対処すべきであろうか。人口が爆発的に増えない限り、再生はあり得ない。ちまちまと増えても再生はあり得ない。たとえ100年、200年と延びても、今の日本では再生は考えられない。歴史的に想像を絶するような事件でもない限り、再生はあり得ない。また出産可能な年代がいままでとは全く違う価値観を持たない限り、再生はあり得ない。どのように考えてみてもこれといった方法はない。だとすれば、現在いる人々をできるだけ、狭い箇所に集めることである。そうすれば、おのずと職場はできる。

　人が集まれば、集まるだけ職場ができる。現在の都道府県制度ではなく、さらに大きい区域に分け、人が集まりやすくして、あるいは政府が援助して、人が集まる都市を作り、人のいない区域をつくり、より原始的自然を作り出し、動物植物の住みやすい地域を作り出すことである。つまり江戸時代であれば、人間の住まない地域がもっとあったものと思う。人間と動物の住み分けをしたほうがよいと思う。日本にもっと原生林や原生地があったほうがよいと思うのである。日本人は農耕民族といわれ、古くから身の回りの生活の場を設け、つまり家の近くに田んぼや畑（里山ともいわれる）があり、そこで必要なものを作って生活してきたのであるが、そのような生活を続けようとすれば、現在のままでよいのだが、もし共同体の崩壊を危惧するならば、そのような生活を放棄しなければならない。もっと人々が集まり連絡を取れるような生活をしようとするならば、生活の場を考えなければならない。貧富の格差のない日本にしようとするならば、人は集まらざるを得ない。そうでなければ、労働賃金のあ

る生活はできなくなる。もちろん、そのような生活を望まない人を強制はできない。望むと望まないにかかわらず、いまのままの状態では経済的な格差が広がることは避けられないだろう。また経済的な面ばかりではなく、様々な面で取り返しのつかない格差が世代を経ることによって生じるであろう。

平成 27 年 2 月 20 日

第五十四論考　　一　神　教

　讀賣新聞の平成27年2月20日版の朝刊に、「一神教は不寛容か」という特集が組まれ、3人の宗教関係者の意見が記載された。その3人とは、カトリック教会横浜司教の梅村昌弘氏、東大寺長老の森本公誠氏、同志社大学教授の小原克博氏であった。筆者は宗教を特に時間をとって学んだことは無い。その意味では素人の横好きである。新聞では3つの宗教の成立過程はまったく触れられず、かつての不寛容さには関しては述べられていない。現在の寛容な側面が述べられ、不寛容であったことはほぼ隠されている。筆者の知る限りでは、皮が一枚はがされるならば、「イスラム国」におけるような解釈は成り立つことを示したい。

　イエスがユダヤ教から分かれる理由を筆者は理解していないが、ユダの話から解釈の違いであろうと推測される。またキリスト教徒達とパレスチナ人との争いがよく示されている。キリスト教では異端裁判は有名である。異端裁判は個人だけを罰するものではなく、小さな宗派はよく異端視された。今でも山中でひっそり生活している人々がいる。

　ムハンマドが洞窟で天使のガブリエルが語ることを聞いて新しい宗教を起こした。時期を明確にすることはできないが、622年にムハンマドが迫害から逃れて遷都（ヒジュラという）した。もちろん、洞窟で話を預言し、信者を集めた。余談だが最初の信者は妻であったといわれている。ムハンマドの娘はファーティマで、娘婿はアリー（'Ali ムハンマドのいとこ）で、アリーは4代目（アリーが後継者になったことが原因で、シーア派［親族が後継者となる］とスンナ派［ムハンマドの思想や行為を重視する］の対立が生じ、現在もその対立が続いている）の尊崇者（カリフ）であった。遷都した後のイスラム教の拡大政策はすさまじいものであった。ダマスカスの前期ウマイア朝が滅ぼされたが、そこから逃げて、スペインに作った後期ウマイア朝は約800

年スペインを征服したのである。西はアフリカを含めてスペインまで征服し、東は中央アジア、南アジアまで拡大したのである。それに費やした時間の速さを考えると筆舌しがたいものがあった。現在問題視されている「イスラム国」の拡大の速さも問題であるが、遷都した後のイスラム教の拡大は大変なものであった。また原則を曲げようとしない人々の結束の強さは不寛容を示したものであった。キリスト教でいえば、イスラム教徒は原理主義者である。3人の宗教家たちは一神教の隠されている原則については一言も触れていない。一神教には役割分担の思想が無いのである。多神教では神々は役割分担しているのである。したがって、多神教では、他の神の領域を犯すことはない。神の役割は限定されており、寛容なのである。3つの宗教以外の宗教は多神教であり、世界にある宗教のほとんどの宗教は多神教である。人間が生きていくには寛容が必要である。一皮むけば、ユダヤ教、キリスト教、イスラム教は不寛容な宗教であることを知っておく必要がある。

　神がどんな姿をしているか見た人はいない。一神教、多神教いずれも、神は自分の姿に似せて人間を創ったというのが普通である。もちろん、人間が神を想像したのである。人間は神を見ることができないということが普通であるが、しかし人間は視覚を頼りに認識（想像）するのである。神とは人間が信頼するという本性において、創造された想像物である。それも人間の弱さに基づいているのであるから、人間の責任を問う必要がない。人間の弱さを自覚することが大事なのである。

平成 27 年 2 月 21 日

第五十五論考　　全体と部分

　「全体は部分から構成され、部分は全体を構成する」。この命題は態を変えて同じことを述べている。「全体」と「部分」という2つの術語を論理的に考えれば、難しいことはなく、誰でも理解できることである。しかし、論理をはなれて、現実に適用をしながら考えると難しさに気づくのでる。「日本人は日本人から構成される」というのであれば問題にならない。しかし、「日本国は日本人から構成される」とすれば、全体と部分の関係は崩れることは理解される。現在の世界の国々は多数民族から構成されているのが普通である。ある1つの国が1つの民族で構成されているということはあり得ない。「全体が部分から構成される」といっても部分は等しいとは限らない。部分がもし人ならば、対等ということはない。したがって部分が集合しても全体を構成するとは限らない。

　部分が同じ価値をもつもの、また同じ意識をもつものであるならば、比較的容易に全体を構成するが、現実は同等の価値をもつもの、同じ能力をもつものなど存在しないのであるから、全体を構成するということはない。ただ内容を捨象し、形式のみにかかわるとすれば、部分は全体を構成するということが成り立つことは確かである。例えば、「日本人は第二次世界大戦を引き起こした」といえば、これを否定する日本人はいないだろう。しかし、戦後生まれの日本人に、「あなたがその責任をとりなさい」といったら、その日本人は確かに部分で全体を構成するが、その責任を取るべきであろうか。「取るべきである」といい得るし、「取るべきではない」ともいい得るのである。「戦争しているときに、ある兵隊が武器を捨てたら、その人は兵隊ではない」とルソーがいっていたことが想起される。ここに兵隊の捕虜としての扱い方がある。現在の日本人には、どのような責任の取り方があるかは明快ではない。個人の意識の問題であるようにもなり得るが、個人が全体を構成するのであるから、「私は関係

ない」といいきれるのであろうか。確かに70数年前に戦争を起こしたのは自分たちの祖父の世代であるから、自分には何の関係もないということは可能である。

「勝てば官軍、負ければ賊軍」というのでは、第一次世界大戦後のドイツの状態を想起される。戦後はフランスのドイツに対する処置はあまりにもひどいものであった。それが契機となってヒットラーが実権を握った（ここでドイツとフランスの関係を簡単に触れることにする。なぜならば日本人はドイツとフランスの因縁をあまりにも知らないからである。ヨーロッパを初めて統一したカール［Karl、フランス名シャルル　Charles］大帝後、フランク大国は四つに分割され、ドイツは次男の所有地となり、フランスは三男の所有地となった。次男と三男が長男の土地を略奪しようとして戦争をはじめた。その戦争が因縁となり、約千年続いたのである。ビスマルクもナポレオンもこの因縁を巡って現れた人物であった。この二国の犠牲になった民族はケルト族であり、スラブ族であり、またユダヤ人であった。現在のイスラエルのことを考えるとドイツはどのような責任をとったというのであらか）。結果はご承知のとおりである。第二次世界大戦後のドイツの戦後処理は完全であったという人がいるが、これは誤解である。最近のドイツ外交政策をみていると、非常に強烈で一国だけが飛びぬけているように思え、敗戦処理の裏返しのように思える。ネオナチが出現して当然であるということが可能かもしれない。70数年前の責任は今のドイツの若い世代にはないのである（ここで責任をドイツ人になすりつけるのはよくない。ドイツとフランスの歴史的因縁が想起される）。筆者が思うには、もっと注意しなければならないのは、ドイツ人の思考の仕方（合理性を求めるという考え方）や生活の仕方（例えば、ゴミの処理の仕方）に注意しなければならないと思う。特にドイツ政府のヨーロッパにおける経済政策には注意する必要がある。今のドイツ政府の立場や政策をみていると、ちょっと大げさであるが、神聖ローマ帝国時代を想起させる。ドイツ人はフランス人と同じゲルマン族であるが、フランス（特に南フランスや南西フランス）にはケルト人やラテン人がいる（現在ではドイツにはトルコ人おり、フランスにはアフリカ人が多くいる）。

158 一筆啓上 つれづれなる論叢

ヨーロッパには大別すると、ケルト、ラテン、ゲルマン、スラブ、北ゲルマン（ノルマン）、の人々がいる。そのほかにはアフリカ系、アジア系の人々がいる。これらの人々がヨーロッパ全体を構成するのであるが、ゲルマン人はヨーロッパの中心部分を占めている。ヨーロッパは1つであり、部分が全体を構成するといっても、国力が違うのである。部分には序列があるのである。論理と現実を履き違えてはならない。現実は部分が全体を構成するのではない。

平成 27 年 2 月 26 日

第五十六論考　　性

　生物には植物と動物がいる。生物の進化と種の保存には性を欠くことはでき
ない。性は雌雄が一体の場合と、雌雄が別々の場合と、生きているときに、何
らかの理由で性を転換する場合がある。この場合はほとんど雌が雄になる。筆
者は生物学や動物学を専門としているわけではない。したがって、植物と動物
に関する知識は一般の人々と大差があるわけではないが、雄が雌になるという
例は聞いたことは無い。雄は雌から進化したものであるといわれるように、生
物界や動物界においては雌が優位の位置にある。種の保存という視点から見れ
ば、雌が雄に変化するほうが容易であるように思える（もちろん、筆者の独断
である）。これは「親が先か、子が先か」という命題は一般の人々の遊びの種
となっているが、生物的視点からすれば、親が先に決まっている。人間も女
性から男性が進化し、進化したほうが先に滅びるのが植物動物界の法則である
といわれている。地球の環境も色々と変化するであろうが、人類の生命は後
一千万年続かないように思われる。

　植物は一般に花の中に雄蕊と雌蕊があり、受精し、種子ができ、次の世代
へと移って行く。しかし、銀杏や真木は雄の木と雌の木があり、雌は花を咲か
せ、種子を実らせ、次の世代へと続くのである。雄の木の役割は不明である。
また樒（シキビ、シキミと読む）は雄と雌の木があり、雌は花を咲かせ、実を
つけ、次世代へと続く木もある。これも雄の木の役割は不明である。無花果は
実の中に空洞があり、空洞の中に花を咲かせる。余談であるが、火事を契機と
して子孫を残す植物もある。シダ類やキノコ類は上で述べたものとは違う形で
次世代を形成する。植物界を簡単に総括して述べることはできない。
　動物界に有って、人間を他の動物から切り離すことが妥当かどうかは速断で
きない。人間は、他の動物と比較すれば、「１年早産」することは確かである。

他の動物と比較して、人間の特色としていわれていることがある。それはセックス行為において、雌が快感を感じるのは人間だけであるといわれている。しかし、他の動物においても、発情期の様子をみていると、上の説は当てはまらないように思える。しかしこれは筆者の感想であって、本当のことは判らない。以上の2点で人間を他の動物から切り離して考察しよう。

　原始的動物にも雌雄一体の動物がいる。雌雄の固体が別々に生活しているが、環境の変化で、または何かの変化で、雄が絶滅してしまうと、雌が雄になり、その結果、遺伝子の組み換えを行い、生き延びる動物がいる。動物は植物よりも動くことができる。そのことが逆に死滅する可能性が高いこともある。動物は植物に比べると、運動するから進化のスピードも速い。例えば、モンシロ蝶、カラパゴスのゾウガメ、イグアナ、フィンチなどがその例である。

　人間を除いた動物では、父系社会とか母系社会ということは不可能である。世界のほとんどの地域においての社会は父系社会である。古代社会において母系社会があったが、一掴みの社会であった。現在でも世界にはいくつかの母系社会はある。筆者の知る限りでは2〜3の社会しかない。ほとんどの社会は父系社会（男尊女卑）である。日本でもかつて招請婚と呼ばれるものがあった。男が女の家に夜な夜な入り込んでそのまま居つくというものであった。もちろん、一部の階層における結婚であった。日本での社会はほとんど父系社会であった。

　セックス・ハラスメントという言葉をよく耳にするが、「女は略奪するもの」という時代があった。古代ローマにおいて行われたし、アメリカの開拓時代にも行われた。農耕民族においてあったという話はきいたことはない。略奪という行為は狩猟民族の間ではよく行われたことである。セクハラは良くないということがアメリカに始まったことは皮肉であろうか。現在のインドやイスラム社会での現状を考えてみれば、女性が大事にされるということが無い。

　生物学的点で男女を比較すれば、どちらがすぐれているということはなく、部分的に「〜の点で男性が優れている」とか「〜の点で女性が優れている」ということができるが、全体的にはないのである。例えば、性ホルモンは男性にも女性にもある。違うのは量だけである。ホルモンだけで性不一致障害が生じ

るとは考えられない。DNA はまったく関係ないとはいえないと思うが、おそらく DNA と RNA の関係であると思うが筆者にはこれ以上に深入りはできない。ただいうことができることは、卵子と精子の結合の後、性の選択の間違い、つまり性を決定するため性ホルモンが十分には働かなかったであろうと想像される。しかしこのような現象が生じることも自然である。自然はまさに不合理であり、偶然と必然は交じり合っているのである。

平成 27 年 2 月 28 日

第五十七論考　　女性の社会参加

　ある人が意識して孤立しているとすれば、その人は孤立している。しかし現実には人間は集団（社会）をつくる。社会を作らないと生存することができない動物である。誕生から死まで他人の世話になる動物である。このような社会をいろいろに形容している。挙げてみよう。農耕社会、狩猟社会、母系社会、父系社会、血縁社会、利益社会など。これらはそれぞれの立場から形容した術語である。このような形容が過去と現在には妥当するが、未来の社会にも妥当するものであるかどうかは断言できない。

　筆者は日頃社会などということを考えたことは無い。最近よく耳にする言葉として「女性の活躍する社会」という言葉が挙げられる。日本は「遅れている」といわれるのであるが、筆者はその背後に何か女性を奴隷の如く見ているような気がするのである。「従軍慰安婦」という言葉は朝日新聞社が造語した言葉であって、そのような事実はなかったというのが最近の日本のマスコミの大勢であろう。女性を社会、いや経済の中に取り込もうとすることは、アメリカ的拝金主義が背景にあるような気がする。アメリカン・ドリームという言葉の背後には、能力主義という現実が隠されており、能力の無い人間は能力のある人間の奴隷になるか、あるいは社会から抹殺されるべきであるという考え方が隠されている。アメリカの大統領が主張する保険制度が反対され、風前の灯となっていることを考えれば理解されるものと思う。

　女性の活躍する社会とはどんな社会だろうか。確かに母系社会は、戦争が少なくなり平和な社会になると思うが、現代のような利益社会ではどのようになるであろうか。司馬遷が女性が政治を行うと国が滅びると『史記』の中でいったといわれている（『礼記』の中では、男は外で働き、女は家を守るべきといわれ、また女は幼いときは父に、嫁いでは夫に、夫が死んだら子に従えといわれている。明治書院、礼記、3巻、中、410頁、参照）。中国の古代の話は除

いて、現代では利益社会、いやマネーゲームの時代であるから女性が国を滅ぼすということはないと思う。しかし問題はそう簡単ではない。種の継続性は心配なのである。人類の継続が保証されなければならないということは何の根拠もないのである。あるいは宇宙論として地球の存続を人類が論じるにはあまりにも壮大である。もちろん、環境という観点から論じるなら話は別である。しかしいずれにせよ人類はいつの日か地球を食い尽くすであろうことは予想がつく。千年くらいならなんとかなるかもしれないが、一万年となると予想がつかない。

　女性の活用の話は純粋に類という観点からの話であるならば、それなりの意義はあると思うが、経済的に優位になろうという政治家のような下心があっては本末転倒である。生物学的に見て、男性が女性から進化したといわれる理由は判らないが、性の決定は性腺（gonad）の働きによって、生殖腺が精巣となるか、卵巣となるかによって性が決定されるのである。しかし性の決定には多様な原因があって明確な答えは出ていない。類の存続は生物にとって最も重要な課題であることは筆者がいうまでもない。生命体は存続し進化してきた。もちろん、数億年進化していない生物もいる。環境が変化しないならば、そのままの姿、生き方でよいのであるが、環境が変化すれば、逃避するか進化するか以外には生き延びることはできない。人間がホモ・サピエンス・サピエンスといわれるようになって、20万年経つといわれるが、本当のところはわからない。5万年経つという説もある。人間がホモ・サピエンス・サピエンスになってから進化したかどうかはまったく判っていない。ただ言うことができるのは1万年前の人間も現代人もほぼ同じ姿をしているということである。脳の中身もほぼ同じであると断言できると思う。

　人間だけではなく、生命体はすべて生まれたときから不平等である。それは多岐にわたっている。適材適所といわれるように、得意不得意が必ずある。人間の脳でいえば、女性の脳は男性の脳よりも1割ぐらい量と重さが少ない。しかし性の優劣を決定するものではない。もちろん、個別的差異は当然ある。また男女の脳の差は何を意味するかは明快な答えは出ていない。男女の身体的特徴は、これもまたホルモンの関係で、特に性ホルモンの不確実性から決定的な

ものではない。

　例外はもちろんあるが、世界のほとんどの国で男尊女卑の考え方が行われている。食うためには戦争があってあたり前という考え方が、古代ギリシア人の間にもあった。戦争が当たり前の常態であったので、戦争を中断するためにオリンピック大会が紀元前776年に開催されたという。この話はともかくとして、人間だけではなく、生物は常に食うために闘争してきたし、これからも闘争するのであろう。多民族国家では経済闘争を欠くことはできず、拝金主義が標語となっている。いや1つの民族が構成する国のなかでも拝金主義は蔓延している。女性の社会への参加を経済的に利用しないという前提があるならば、筆者は賛成であるが、隠された意図があるようである。子供を育てた後社会のために役立ちたいというのであれば、あるいはそのような女性にそれなりの賃金を支払うというのであれば、筆者は賛成である。そうでなければ、結局のところ女性に類としての責任を果たさせることは無く、女性にそのつけを回すだけである。つまり子供を産まないのは女性の責任であると女性をせめるのである。女性は「現象界は不平等だけであって、平等はないのである」ということをよく考えてほしい。子供を産むことは特別なことではないが、女性にとって最大の喜びであり、類としての責任を果たすことであると筆者は考える。

　最後に、哺乳類の母子関係は筆舌しがたいものである。哺乳類の雄は託卵するホトトギスやカッコウのように子育てにはまったく役に立たない。母子関係において、母は無条件に子の世話をし、子は1年早産説でいわれているようにまったくの無力であり、100％の保護を必要とする。子は母親に絶対的服従を要求する。もちろん、例外はあるが、母親は子の要求に応じるのである。このことは子が母親を神聖視することになる。子は自立心が芽生えるまで、母親は筆舌し難いほどの世話をする保護者なのである。類としての人間の継続性は母子の関係に基づいているのである（第二十三、五十二論考を参照）。

平成27年3月17日

第五十八論考　　徳

　16 世紀から 17 世紀にかけて発達した重商主義が産業革命を導いた。産業革命は世界の規模で見れば、一部の国のことであった。その産業革命は、特に第二次世界大戦以後は姿を変え、アメリカを筆頭にして拝金主義となった。世界の国々はアメリカに追随し、拝金主義の全盛時代となった。その勢いは果てることはないだろう。世界の国々は地球が消滅するまで食い尽くすだろう。たぶんいくつかの国は消滅するだろう。海抜の低い国は目前の問題となっている。

　世界で偉大な人と形容される人は多くは徳のあった人のことである。自分の幸福を省みず、ひたすら他人のために身を捧げた人のことを「徳ある人」という。世界にはそのように判断される人はいたであろう。また人はおそらく誰かを、また複数の人を思い浮かべるだろう。いずれにしても徳ある人とは稀有な存在であったことであろうし、またこれからもそのような人はなかなか出現しないだろう。たいていの人は、自分の福を第一にするという下心を持って出現するだろう。徳と福は、全体と部分との関係の如く合致は難しいと思う。

　幸福は他人が判断しようがない。明らかに不幸な姿をしているが、その人が「私が幸福である」といえば、他人が「その人は不幸である」と判断できないのである。幸福か不幸かは第三者が判断することではない。幸不幸は当事者の判断が絶対である。徳に関してはカントの「定言命法」が想起される。しかしこの命法も主観的には個人の納得で解決することで、客観的かどうかとなると判断は難しい。なぜならば、私の行動原則（格律）が客観的法則に合致していると、どのようにして判断するのであろうか。結局のところ「独りよがり」でしかないだろう。範式（定言命法から導き出される命法）としては「女性を手段としてのみ扱うな」ということは理解できるが、かといって「目的として」のみ扱うことはできない。種の保存という視点からすれば、「手段」として扱わざるをえない。異性は手段であり、目的であることになり、両性の合意が必

166　一筆啓上　つれづれなる論叢

要である。カントの時代とは異なり、異性を目的または手段として扱うことができるかどうかは異性との意見の一致が必要であり、経済問題もあり、合意は難しいのである。カントから離れて考察しよう。なぜならば、カントの思想の基盤は結局のところキリスト教であるからである。

　他人の幸福を願って、即身成仏する人の意思には「徳」があると判断できるのではないか。即身成仏という考えは、仏教以外の宗教では聞いたことはない。他人のために色々と艱難辛苦した人の話は沢山ある。しかしミイラの話はエジプトを始めとして、世界中には沢山あり、色々と話は聞くが、即身成仏したという話は仏教以外には聞いたことはない。これこそ報酬を求めてのことではないことであろう。しかしこれも即身成仏となった人の功名心がなかったとは断言できないのである。カントは理性に根拠を求めたが、感情もまた人間を構成する一部なのである。徳もまた福と同じように、人間の理性（知性）と情に根拠を置き、2つの根拠が満足しなければ、徳と福の一致はあり得ない。いずれにしても他人の判断に根拠を置くものではなく、どこまでいっても主観的判断に依存するのである。しかし他人を傷つけるような判断であってはならない。泥棒が親であったならば、その親を罰する勇気は持たなければ、孔子におけるような、自分の家族さえ良ければ、他人はどうなってもよいという家族主義、拝金主義になってしまう。現在の世界に蔓延している拝金主義を何らかの仕方で方向を変えるようにしなければ、筆者は未来が閉じているような気がする（第六十四論考を参照）。

平成 27 年 3 月 25 日

167

第五十九論考　　知性か、それとも感情か

　「父親が泥棒したら、それをかばうのが子供である」「実母と育ての母が子供を引っ張り合いしたら、子供の泣き叫ぶ姿を見て思わず実母が手を離した」。前者は孔子の言葉であり、後者は日本で行われている、つまり知性に訴えるのではなく、情に訴える人情噺で、このような噺はあらゆるジャンルで行われている。ここで情・情けにかかわる格言をいくつか挙げてみよう。「情強し」「情を売る」「情を通ずる」「情けがあだ」「情けは人のためならず」「情けをかける」「情けを交わす」「情けごころ」「情け知らず」「情け深い」「情け容赦も無い」。まだいくつかあると思うが、これくらいにしよう。以上のことから「日本人は感情的であり、西洋人は理性的である」ということになっていると思うが、事実はそう単純ではない。ギリシアの悲劇においても喜劇においても情に訴えることがある。しかしヨーロッパでは、論理を超えていると、神のお御心とか、奇跡として捉える傾向があった。噺は観客、また読者の情に訴えたほうが人気になることは確かであろう。情はナショナリズムを惹起するのであるが、キリスト教文化圏の限定された地域ではナショナリズムは強大な力を持つ教会を前にしては微力であった。

　ブロードマンは脳の機能を47の分野に分割した。しかし一か所だけで働くことは無く、いくつかのか所が相互作用しながら働き1つの結論に至っている。例えば、視覚は20か所以上の部分が相互作用してものを見るのである。また脳は大きく上中下と三分割される。新皮質、脳中心部、脳幹の部分を3つの部分に分けるのである。それぞれの部分に知性、感情、意志があてがわれている。しかしその根拠は不明である。確かに知情意から人間は構成されているということができるが、これは大雑把な言い方であって、人間をあまりにも簡略化した言い方である。

　もちろん、ブロードマンの局在論も三分割も新人類（ホモ・サピエンス・サ

ピエンス）にも妥当する。新人類が地上に現れてから、20万年経つという説、5万年経つという説があるが、いずれも確定されていない。したがって、知恵説も感情説もない。ただ東アジア諸国では感情を大切にし、キリスト教文化では知性を大事にするということである。その理由は宗教戦争が背景にあるものと想像する。もちろん、アジアに宗教戦争がなかったというのではない。キリスト教がローマの国教とされたのは4世紀の後半であり、それまではユダヤ教や他の宗教との戦いがあった。国教とされてからは解釈の違いによる戦いが18世紀まで続いたし、スペインでは8世紀から15世紀まで、イスラム教との戦いが続いた。キリスト教の強大な力の下では感情ではなく、知性の力、論理が必要であった。宗教裁判は感情を必要としたのではなく、知性である。教会はアリストテレス的知性を背景としていたので、それ以上の知性が必要であった。現象界ではアリストテレスの説を超えることはできない。ガリレオ、コペルニクス、ニュートンなどの説では超えることは可能であった。つまりキリスト教文化圏では知性を重んじなければならなかったのである。感情では強力なキリスト教に太刀打ちできなかったのである。一般の人々の生活も知性を重んじなければならないのであったと考えられる。これに対して東アジアでは、特に中国では知性を必要とする文化はなかった。中国の歴史を、夏の時代からとすれば、5千年の歴史があり、殷（商）の時代からとすれば4千年の歴史があることになる。しかし絶対君主の時代は、知性を必要としなかった。共産党が支配する時代になっても、知性を必要としない。文化大革命が知性を必要としなかったことを想起してみてほしい。中国、韓国、日本の東アジア国々は感情を大事にするのである。孔子のいう親子の間には論理ではなく、感情のみがあるのである。

　人間は知情意と三分割されることを述べた。しかし三者はまったく独立して働いているわけではない。脳研究において局在論が優勢であるが、それぞれの部分が独立して働いているわけではない。脳の中心部は視床下部といわれる部分があり、脳の中心部が体の中心となり、視床下部の下に下垂体といわれる部分があり、人間の他の機関を働かせる刺激ホルモンを放出するのである。この視床下部の脳室の表面は局在する他の部分と相互作用し、人間が生活できるよ

うにバランスを採っているのである。知性と感情と意志がそれぞれが独立しているのではなく、三者は相互に助け合い、人間を成長させるのである。

平成 27 年 3 月 28 日

第六十論考　　神のことは神に任せよう

　ある人が「神の戦争は神に任せよう」といった（この人はホメロスの作品『イーリス』と『オデュッセイア』を知っていたに違いない。ホメロスによれば、エーゲ海から黒海へ進むためにはマルマラ海を通過しなければならないのであるが、そのマルマラ海の入り口のダータネルス海峡を通過しなければならないのである。アナトリア半島の西端にトロイがあった。このトロイを巡っての戦争をトロイ戦争といい、ホメロスが主題にし、人と神が、敵味方に分かれ、入り乱れて戦ったとホメロスは描写している）。神が人間を創造し、人間に責任を持つならば、人間の力を借りることはない。なぜならば人間の力の創造者は神であるからだ。また責任を持たないならば、神のために尽くすことはない。神のために戦う必要もない。もともと創造者は被創造者の助けも恵みも必要としない。神が報酬を求めていると人間が勝手に想像しているのである。アブラハムが息子のイサク（Isaac）を生贄として神に捧げようとしたとき、神はイサクを拒否したではないか。

　11世紀から13世紀の約200年の間に、ゲルマン族（イスラム国の人々は呼ぶ。つまりヨーロッパ）は十字軍を8回送った。7回は大人の十字軍で、1回は子供の十字軍であった。目的はイェルサレムをイスラム教徒からの奪還することであった。比較的上々の首尾を収めたのは第1回の派遣だけであった。第4回目の派遣はキリスト教徒がキリスト教徒を攻撃するということであった。コンスタンティノープル（ギリシアの植民地のときはビザンチと呼ばれていた、現在のイスタンブールである）を商売上の利権をめぐってジェノバとベネチアが争っていた。その犠牲になったのである。子供の十字軍は目的地に到達できなかった。

　イスラム教徒は、ユタヤ教、キリスト教、その他の宗教との戦いをヒジュラ（622年にメッカからメディナへの遷都または移住）以後始めた。それは強力

第六十論考　神のことは神に任せよう　*171*

な拡大戦争であった。西はアフリカの北部を征服し、地中海を越え、スペインを征服した。さらに北のゲルマンの土地へ向ったがゲルマン（フランク王国）との戦いで破れ、北進はやんだ。スペインは8世紀から15世紀の末（レコンキスタ）まで征服された。東は中央アジア、南アジアまで征服された。13世紀には元（ヨーロッパ人はタータル人と呼んだが、正しくは韃靼人）は東ヨーロッパまで侵略したが、兵隊の中にはかなりのイスラム教徒がいたようである。

　宗教活動において経典のみに基づいて宗教活動をする人を原理主義者という。マルチン・ルターは『聖書』だけでよいとしたことは有名である。この意味で新教徒は原理主義者である。ルター派は教会までは否定しなかった。しかし日本の内村鑑三は教会を否定し、無教会派を名乗った。経典にのみ基づいて、イスラム教徒はよく「コーランには○○と書いてある」と口にする。読者の君も聞いたことがあると思う。ムハンマドは商人であった。例えば「利子を取ってお金を貸してはならない」というが、全体的に商人には規律が甘い。キリスト教では商売自体を忌み嫌う。例えば、シェイクスピアの『ヴェニスの商人』を想起すれば理解できるとものと思う。イスラム教徒の厳しさ、例えば、ラマダンのような厳しい戒律は仏教にはない。キリスト教も昔は厳しかった（イスラム教徒と同じように1日5回の礼拝をおこなった）が、現在ではかなり緩和されている。

　イスラム教はキリスト教より寛容であるように思えるが、歴史を振り返れば必ずしも寛容ではない。シーア派とスンナ派の争いを見ていると楽観できるようなものではないが、しかしキリスト教の新旧の宗教戦争と比較すれば、まだ緩やかであるように思われる。キリスト教徒たちの解釈の違いから生じる宗派の数と、イスラム教徒の宗派の数は筆者には判らない。しかしいずれにしてもイスラム教の原則は環境が変わってもそう簡単に変わりそうにもない。

　戦いに臨んで神に勝利を祈ることは無意識に行う事かもしれないが、神が勝利するように何かをしてくれる訳ではない。人間の勝ちたいという気持ちを表現しているのであろうが、効果があるとは思えない。神が人間の世界に干渉することはないと誰でも理解しているはずであるが、無意識のうちに神にお願い

するのであろう。神の世界がどんなものであるかは知らないが、神が戦争する
とは考えられない。神にお願いして、お願いが実現するものであるならば、戦
争は起こらないだろう。戦争を避けるために神にお願いするのではなく、人
間が話し合いをして戦争を避けるべきであろう。「勝てば官軍、負ければ賊軍」
という考え方を辞めるべきである。そうでなければ遺恨だけが残る。第一次世
界大戦の結果が第二次世界大戦の原因となった。フランク王国の遺産を巡って
の分裂は、フランスとドイツとの間の戦争の原因となり、約1000年に及ぶ戦
争の原因となった。フランスとドイツの遺恨が完全に姿を消しているかどうか
は筆者には不明である。遺恨は何かを原因として頭をもたげるのである。人間
の世界のことは人間が解決しなければならない。神の戦争は神に任せよう（第
六十二論考を参照）。

平成27年3月30日

第六十一論考　　ギリシア人

　ユーラシア大陸の西に住む人種は次のような人々である。ケルト人、ゲル
マン人、ラテン人、スラブ人、フェニキア人、ギリシア人、ユダヤ人、アラブ
人、パレスチナ人、ペルシア人、トルコ人、マジャール人、モンゴル人、ジプ
シー（ロマ）などである。もちろん現在では色々な人種が交じり合っているこ
とは言うまでもない。一つの人種で成り立っている国はない、世界のいたると
ころに世界中の人種が交じり合って共同生活をしているのである。

　上に挙げた、人種の中でケルト人、ゲルマン人、ラテン人、スラブ人、フェ
ニキア人の前の人種が不明である。もしかしたらアフリカを後にした人々の違
いが、または時の違いが、違う呼称を形成したのかもしれない。筆者にはそれ
以上のことは判らない。

　ギリシア人はバルカン半島の北から 2 回にわたって南下した人々であり、パ
レスチナ人はキプロス島から東へ来た人々であり、ペルシア人はコーカサス山
脈を越えて南下した人々であり、ユダヤ人はペルシア湾を北上し、メソポタミ
アのシュメールに一時定住し、アブラハムに引きつれられて、ユーフラテス
川に沿って北上し、あるところで南下し、アフリカに入り、そのアフリカから
モーセに引きつれられ脱出し、ヨルダン川の西岸に紀元前 10 世紀頃イスラエ
ル王国（もちろん現在のイスラエルではない）を創った。トルコ人（突厥と呼
ばれた中央アジア人）、マジャール人（ウラル山脈の南端に定住していた）、モ
ンゴル人（元の征西の際にその地に残った人々、またその一部としてのタター
ル人、漢字では韃靼と表記する）、ジプシー（別称ロマといわれ、エジプトに
王朝を創ったヒクソスの末裔とも考えられる）などは、西アジア、中央アジア、
東アジアからやってきた人々である。

　筆者が 20 歳前後のとき、何らかの機会でプラトン（Platon）の『弁明』を

読み、哲学研究者ではなく、哲学者になることを決意した。大学卒業後3年か
けて大学院に入学し、哲学科を専攻した。つまり25歳のとき哲学研究を始め
たのである。それ以来69歳の現在まで哲学者になろうとしているが、なお道
半ばである。

　プラトンまた他の人々を通じてギリシア人を学んできた。それによるとギ
リシア人は奴隷の経済活動で成り立ち、その搾取でギリシア人は生き延びてき
た。ホメロスの植民地獲得はギリシア人が生きるための古代の嘘であると筆者
は思っていた。というのはギリシア人が紀元前2世紀にローマによって支配さ
れた。ギリシア人がローマ人を批評するときは、ローマ人は怠惰で放蕩生活を
するというのが一般的であった。それを筆者は信じてきた。ギリシアはローマ
に征服されたが、ローマ人の教師であるといわれていた。そのギリシアは6世
紀にアカデメイアが閉鎖させられてから、世界史の舞台から姿を消した。筆者
はギリシアがローマに征服された後の歴史にはまったく興味を持つことなく今
日まで来た。現代のギリシア人は経済的危機を招くほど怠惰な国民であるとは
想像できなかった。筆者は怠慢であった。奴隷経済に依存した古代のギリシア
人が現在もいるとは想像できなかった。もちろん現在のギリシア人は奴隷経済
に依存しているわけではない。しかし今回問題となったのはEUにおける他国
への依存である。ギリシア人の依存体質である。どのように考えても今後ギリ
シア人は依存体質から脱却できないように思われる。地中海にあって、ギリシ
アのエーゲ海にある島々は観光に適しているが、農業に適していない。このこ
とはイタリア本土の左側、つまりテイレニア海に面する都市、ローマ、ナポリ
などの土地が農業には適していないのと似ている。全体的にみればギリシアは
不毛なのである。ギリシア経済はヨーロッパ経済の2%しかないといわれてい
る。しかし筆者はギリシアがEUの国々の支援で成り立っているとは考えな
かった。このことをギリシア人も思いつかなかったようである。ギリシアの前
政府が事実を隠しておいた。それが明らかになってびっくりしたということら
しい。確かに政治家に責任はあるが、しかしお金を使ったのは一般のギリシア
人である。果たしてその責任を一般のギリシア人が引き受けることができるで
あろうか。

ソクラテス（Sokrates）は自分がアテネ市民として義務を果たすため戦争に行って、持ち場を離れることはなかったと語っているが、戦争から帰ってきた後、職業に就いたという話はない。当時のギリシアでは市民（奴隷は市民ではない）は戦争で奴隷を獲得することであった。なぜならば、市民が奴隷を家計のために働かせたからである。経済活動は奴隷の仕事であった。ソクラテスは家計のことは妻のクサンティッペ（Xanthippe）に一任していた。クサンティッペは奴隷頭に指示するだけであった。ソクラテスは自分の母親が産婆であったことを意識し、自分は産婆にはなれないが、教育は産婆と同じだから自分はアテナイの若者を教育しようと決断したといわれている。それで広場で若者を集め、議論し、教育活動をしたといわれている。食事はその都度他人の食事にあやかっていたといわれている。クサンティッペはよく「悪妻」だったといわれるが、ソクラテスを自由勝手にさせたということなのか、ソクラテスに協力しなかったということなのか、筆者には判らない。

ソクラテスには著作は無い。ソクラテスを理解するためにはプラトンの全著作とクセノポン（Xenophon）の著作『メモランビリア』を通して以外には方法は無い。クセノポンの著作はソクラテスを理解するには非常に短く、若いときのソクラテスを理解できるだけである。それゆえ、ソクラテスを理解するためにはプラトンの著作のほうがよい。プラトンの初期の著作がソクラテスをよく表現しているものと思う。中期と晩年の著作はソクラテスというよりもプラトン自身の思想を表しているものと思う。

ソクラテスがどのようにして日々を送っていたか、また家庭の生活と生活費はどうであったかは十分に理解できない。ソクラテスは市民であったから、自分で生活費を稼ぐ必要はなかった。他の一般のギリシア人と同じように、奴隷の働きで家計を賄っていたことが伝聞から理解できる。家計の遣り繰りはクサンティッペに任せていた。クサンティッペは悪妻であったといわれる理由はソクラテスにあったのでないかと筆者は思っている。

ソクラテスが市民で働く必要が無かったとすれば、プラトンは貴族の出身であったからもちろん働く必要がなかった。アリストテレス（Aristoteles）はギリシアの北部のマケドニアの出身で、王の主治医の息子であったから、もち

ろん働く必要はなかった。ギリシアを代表する3人の哲学者は自ら生活のために働く必要がなかった。この3人に共通する政治思想には民主主義はなかった。プラトンに至っては犬猫の世界と同じになると民主主義を嫌った。

　ギリシアで民主主義を唱えたのは3人の哲学者よりも前の世代に活躍したペリクレス（Perikles B. C. 495〜429）であった。当時、今のイラン・イラクの辺りを支配していたのがペルシアのアケメネス朝であった。ダレイオス1世（Dareios これはギリシア名で、ペルシア名は Darayavau であった）が支配者であった。彼がギリシアの国々をおびやかしていた。ギリシアの国々では、アテネとスパルタ（別称ラケイダイモン）の大都市国家とその外の小さい都市国家がデロス同盟という都市国家同盟を作ってアケメネス朝に対抗しようとしていた。同盟の本部はデロス島にあった。アケメネス朝との戦争を無事に乗り切った後ペリクレスは本部をアテネに移した。その本部の資金をアテネのために使用した。民主主義という名の下にペリクレスはアテネでは大将軍として歓迎された。スパルタはこのペリクレスの行状に怒り、デロス同盟を解約し、戦争を宣言した。この戦争がペロポネソス戦争と呼ばれたのである。アテネの運命が尽きたのである。ソクラテスが戦争に行ったという戦争であったと思われる。このペリクレスの民主主義体制はお金のばら撒きであった。その意味で3人の哲学者から嫌われた政治体制であったと思われる。紀元前2世紀にローマによって支配され、一時ローマの教師として名誉の地位にあったが、しかしプラトンの創ったアカデメイアが東ローマの皇帝ユスティニアヌス（Justinianus）の命令で閉鎖した。古代ギリシアの終焉であった。

　18・19世紀においてヨーロッパの人々は権力との政治闘争の結果、民主主義という政治形態を手に入れた。民主主義という政治形態は必ずしも最高の政治形態であるとはいえない。しかし意思さえあれば、誰でも参加できる政治形態である。この意味では確かによい政治形態である。具体的にいえば、民主主義とは一般の国民が一致団結して為政者に対して要請や要望することができる政治形態である。しかし2015年の7月に行われたギリシアの選挙は他国へのゆすり・たかりの選挙であった。EUは通貨を統一しているが、1つの国であるとはいえないのが現状である。その意味で民主主義の発祥地での選挙は決し

て賞賛できる選挙ではなかった。他国への依存が許されるようになるならば、ドイツ次第であるが、かつての『神聖ローマ帝国』が姿を変えて出現する可能性が生まれる。

平成 27 年 7 月 17 日

178　一筆啓上　つれづれなる論叢

第六十二論考　　フランク族の遺産相続を巡っての分裂

　ゲルマンは大きく、北ゲルマン、東ゲルマン、西ゲルマントと3分される。支族は約30ほどになるといわれている。フランク族は西ゲルマンの支族の1つといわれている。西ローマ帝国の時代はゲルマンが表舞台にでることはなかった。西ローマが4世紀の終わりに衰退し始め、西ローマは5世紀にゲルマンの1つ西ゴート族の出身で傭兵隊長をしていたオドアケル（Odoaker）によって滅ぼされた。しかしそれ以前に属州（プロウィンキア＝provincia）のトリエール出身の皇帝（属州にも皇帝がいた）コンスタンティヌスは都の衰退を感じ取り、ギリシアの植民都市ビサンティウムを支配していたので、その都市に4世紀の中頃（330年）にコンスタンティノープルと改名し遷都していた。

　紀元前1世紀の中頃、つまりカエサル（Caesar）がローマの元老院の意向を受けて戦った相手はケルト人であった。『ガリア戦記』はカエサルの作品で、その戦いを表現したのである。ゲルマンが4世紀に西に移動してくるまではラテン人とケルト人の舞台であった。ケルト人は台頭するゲルマンに追われ、さらに西へと、さらには北のイングランドまたはアイルランドへと追われた。

　フランク族の支族であったサリ族は481年にクローヴィス（Clovis）を王とした。その王朝はメロヴィング王朝とよばれた。クローヴィス1世が死んだ後に遺産分割が行われた。ゲルマンでは政治は合議制で行われ、遺産は男子に平等であった。家を継ぐのは普通末っ子であった。早く育った順に家から独立するというのがゲルマン則であった。クローヴィスには4人の子供、クロタール1世（ソワソン）、キアデベルト1世（パリ）、クロドミル（オルレアン）、テウデリク1世（ランス）の子供は平等に遺産相続した。しかし色々な理由からクロタール1世が全財産を自分ものとした。

　メロヴィング王朝の時が過ぎていく過程で宮廷において2つの勢力（家系）

が起こり、争うようになった。時には一方の派から、また時には２つの勢力から推薦され王が現れるようになった。王はアウストラシア王と呼ばれたり、ネウストリア王と呼ばれたりするのであった。また両名で呼ばれることもあった。クロタール２世のとき、宮宰（大臣）であったアウストラシア出身の（中）ピピンがネウストラシアの出身者と争いで勝利を収め、その子供の（小）ピピンがカール・マルテルの死後、兄とともに宮宰として王国を支配した。751年にメロヴィング朝の王ヒルデリクを廃し（つまり下克上があり）、カロリング朝の初代の王となった。小ピピンの子供がカール大帝であった。カール大帝の子供がルートヴィヒ（Ludwig）１世で、840年に没し、第２回目の遺産相続があった。子供は３人いた。

　３人は不仲であった。そこで３者はヴェルダン条約を結んだ。その結果、

- 長男のロタールは王国の真ん中を、つまり現在のイタリアの土地とライン川を真中にした北部の土地を相続した。後にドイツとフランスとの長い戦争の火種となるアルザスも含まれていた。
- 次男のルートヴィヒ２世は王国の東側、つまりライン川、ヴェーゼル川の東と、ブルグントを相続した。
- ３男のシャルル（ドイツ語名カール）２世は王国の西、ローヌ川、ソーヌ川、マース川、エスコー川の西側、さらにはプロヴァンスを相続した。

　３人は不承不承納得し、条約を結んだ。それがヴェルダン条約である。しかしロタールの死後（855年）、ロタールが相続した領地を次男と３男、つまりルートヴィヒとシャルルが領地争いをした。２人は条約を結ぶことにした。それがメルセン条約（870年）を結ぶことによって、ドイツとフランスとの分離は確実となった。現在までに約1200年その道を歩んで来た。

　この1200年の間に戦争が数えられないほどの回数があった。もちろん、相手はフランス、またドイツばかりではなく、フランスにとってはイギリス、スペインが、ドイツにとってはオーストリア、イスラム教国が戦争の相手であった。また両国は宗教を巡っても対立した。フランスはカトリック教徒が圧倒的であり、ドイツでは新教が５割位であるが、ドイツ政府は新教の立場をとったことが多かった。また歴史上の人物、ビスマルク（Bismarck）、ナポレオン

（Napoléon）、ヒットラー（Hitler）などを想起すれば両国の戦争が頭をよぎる。歴史上、イギリスもしばしば戦争をしたが、この両国は最もはげしく、長い間戦争をしたということができよう。

　筆者がフランク王国の分裂を取り上げた理由は、第二次世界戦争の戦後処理の問題を巡って、「ドイツは戦後処理を十分にしたが、日本の戦後処理は不十分である」とよくいわれるからである。フランスとドイツにはフランク王国の分裂という因縁があったが、日本と韓国の間には、フランスとドイツとの因縁に匹敵するようなことはなかったと思う。確かに秀吉以来ときどき征韓論が現れたことがあったが、征中論はなかった。征中論が現れたことは2度あるだけではないだろうか。日清戦争と第二次世界大戦のときだけである。いずれにしても征中論は世界共通の経済思想の中で現れた。第二次世界大戦後のアメリカ、ソビエトはいかに戦争しても、その責任はとらないし、中国は清の時代の獲得した領土を自分のものだといっている。中国のいう共産主義とは帝国主義とどのように違うのか筆者には理解できない。

　戦争は古代から、「勝てば官軍、負ければ賊軍」という考え方で行われた。つまり勝てば、相手を好きなように扱ってよいという了解事項があった。このような考え方は一般に先進国といわれる国々では姿を消しているが、ロシアや中国では厳然として生きている。戦争で負けた国は100％責任をとるという考え方があった第一次世界大戦後の責任の取らせ方が、第二次世界大戦を惹起したことをフランスは知っていたから、ドイツをせめなかったものと思う。韓国民は日本が36年間植民地としたというが、韓国が中国の貢国であった期間と比較すれば、植民地政策を問題とする長さではない。また実質韓国と戦争したのでもない。筆者が戦争の経験のある日本人と話をしたことがある。その人は、日本は中国との戦争で負けたとは思っていなかった。中国に負けたのではなく、アメリカに負けたのだという意識している人であった。おそらく戦後の敗戦処理が不十分であったのは「中国に負けた」という為政者がいなかったのではないだろうか。いずれにせよ日本は侵略戦争をしたのである。

　筆者は戦後生まれで、戦争の責任は取りようがないのであるが、お金で済むのであれば、まだその責任は取りようがあろう。しかし祖父の世代が行ったこ

とに責任をとる必要があるであろうか。遺伝子の連続性はあるが、意識の連続
性はがあるかどうかは筆者には判らない。

平成 27 年 7 月 21 日

第六十三論考　　徳　　　目

　平成27年8月3日、讀賣新聞の朝刊の『地球を読む』という欄に、山崎正和氏が、表題「日本的『律義さ』に潜む功罪」として、徳目を論じている。その山崎氏によれば、「江戸時代の学僧、鈴木正三は、庶民の正直を『信』と名づけ、忠孝よりも上位の徳目として位置づけたが、それは忠孝が見返りの期待伴うのに対して、信は純粋に自己を内から律する価値観だからである」ということである。

　筆者は鈴木正三という人物を知らない。筆者は「信」ということを今までも論じてきた。著者は「信が徳目であるとは考えていない。むしろ様々な徳目を可能ならしめるもので、本姓に属するもので、人間ばかりではなく、孵化した小鳥が最初に見たものを親と看做すように、また赤子が無条件に信じて母親の乳房に吸い付くように、生き物の存在を可能ならしめ、知で捉えることのできない本性の属性である」と考えている。

　例えば、鰯のような小魚は群れを作る。理由は断言できないが、一般にいわれることは群れをつくって、大きな魚の餌になることを避けるためだといわれている。群れを作っているほうが、一匹でいるよりも安全であることは確かであろう。無意識で他を信じているのであろう。また蟻や蜂でも同じことが言えるのではないだろうか。蟻や蜂ではそれぞれの働き使命は決定されているが、自分で決定した訳ではない。生まれたときはすでに決定されているのであるが、意識的に他のものを信じている訳ではないが、信じているがごとく自分の仕事をするのである。共同体であるが共同体をまとめるような徳目はないのである。徳目がないが共同体として成り立っているのである。人間社会ではどうであろうか。

　人間社会は言語の発達と同時に共同体を維持するために徳目を創造したことであろう。人間は徳目がなければ共同社会を作ることはできないであろう。

古代メソポタミアや古代中国（夏王朝）よりも前の時代、つまり先史時代のことは判らないが、筆者には古代メソポタミアなら、「ハンムラビ（Hammurabi）の法典」とか中華思想を可能ならしめた「五経」（詩経、書教、易経、礼記、春秋）などが思い浮かぶのである。これらの作品には徳目が想定されている。人間は共同体をつくると同時に徳目をも作っている。「十戒」も「コーラン」も徳目でいっぱいである。徳目を守るためにはプラトンは人間に序列を作る必要があった。そのためには遺伝子の操作が必要であった。ハクスレー（Aldous Huxley）の小説『Brave New World』におけるように序列をもった人間を共同体のために製造する必要があった。またナチが、北ゲルマンの女性とドイツゲルマンの男性を掛け合わせると理想的ゲルマン人が生まれると勘違いして、約 5,000 人が生まれたといわれている。遺伝子操作は徳目という概念を作ることではなく、個人の能力を直接的に限定し、蟻や蜂の如く意識化することなく、無意識的に他を信じさせ、共同体をよく機能させるように人間を序列化しようとするものである。

　われわれ日本人によく知られた徳目とは儒教における徳目である。つまり孔子のいう徳目である。孔子の徳目は五経に由来する徳目である。仁、義、禮、智の四つの徳目である。孟子ではこの 4 つの徳目に相応する徳目は惻隠、羞悪、辞譲、是非の徳目である。筆者はこの 4 つの徳目が成り立つためには、人間の他人に対する「信」という性癖が無ければならないと確信する。ここでの性癖とは生まれながらの本性をいう。脳の構造でいえば、新皮質の下の部分、脳の中心部を構成する脳室に属する部分の働きを考えている。したがってこの部分は反省的に知的に操作できる部分ではなく、不可知の情を形成する部分であると筆者は理解している。この不可知の情は生命体の根底を形成する属性である。この属性は多様に変化する。一種ナショナリズムを形成するものと理解している。この意味で山崎氏のいう「自己の内から律する」ものということが可能かもしれない。

平成 27 年 8 月 4 日

第六十四論考　　徳と理念

　智慧、勇気、節制、中庸は徳（Tugend）といわれ、ギリシアとローマに通じた徳であった。しかし共同体を構成するすべての人々が認めた訳ではなかった。プラトンは確かに上の４つを徳として認めたが、アリストテレスは10個であるとした。またストア派の人々やトマス・アクィナス（Thomas Aquinas）、イギリスの道徳論者、また中国の孔子や孟子、また日本の人々も徳を説いたが決して同じ数ではない。つまり社会、共同体を維持するために徳を創ったことは共通するのであったが、社会のあった場所や時代によって数は異なるのである。プラトンは上に挙げた４つを徳としたが、『国家』において「正義」を定義づけしようとしたが、定義づけができなかった。それでは正義が徳ではなかったのであろうか。

　善、義務、信、愛、謙虚、敬虔、正直、克己、忍耐、親切なども徳といわれ、いずれも社会（共同体）を維持するために欠くことのできないものである。しかし、いずれも個別的で、カントの言葉を借りるならば、「経験的」である。なぜならば社会は経験的であり、徳は経験的でなければ、社会は維持できないからだ。思想的には「先験的」とか「超越的」といわれてもよいが、現実の社会では「経験的」でなければならない。社会は場所や時代によって異なるからである。カントは時代を超えて理性に基づいて発言したのであるから、普遍的であるという人がいるかもしれないが、内容としての感覚を無視した話である。後でこの事を論じる。ユダヤ人にとって命令したのはモーセを介しての神であった。カントが述べている訳ではないが、神の命令は「定言命法」と置き換えられた。この定言命法は個別的経験的徳を可能ならしめるのである。カントによれば、われわれ人間は形式としての悟性と内容としての感性の働きで認識（経験）する。しかし現在、感性を刺激しない物質が数多く存在することが明らかになっている。また聴覚は外から刺激を受けることなく、自ら働く

ことも明らかにされている。カントのいう認識論を主張することは時代錯誤と
なっている。カントの認識論では神、霊魂、自由は認識できない形而上学の対
象となっている。しかし神も霊魂をも体験したと主張する人がいる。確かに独
断であろうが、その主張を否定するだけの根拠はない。なぜならばその主張を
否定することも独断であるからだ。

　プラトンは理念それ自体を定義できないとした。よくいわれることだが、善
そのもの、美そのもの、正義そのものは定義できないことは筆者も認める。経
験の側から認識しようとすると、構成的理念とか感性的理念とよばれる理念は
経験を超えていることが理解される。その理念は探求する者を統制している。
我々人間が捜し求めているもの（構成的理念）によって統制される。終わり
を求めていたが、実はそれが始まりであった。理念が統制的であるということ
は構成的であるということの裏返しである。つまりある時点まで構成的であっ
て、反転したときは統制的であるということである。ある点で定義されたもの
は構成的理念であっても、統制的理念ではない。理念が統制的といわれたとき
は経験の領域を超えているのである。認識論においてこの理念を経験の側から
見れば、感性的理念、または構成的理念と呼ばれるのである。しかしこのよう
に言われるためには厳しく吟味されなければならない。確かに経験を超えて経
験を可能ならしめる理念は存在すると思うが、社会に積極的に寄与するとは考
えられない。現代の社会（共同体）は経済面のみが強調される。このような傾
向は一時の出来事であるかどうかは判らないが、人間の一面であることは確か
である。

平成 27 年 8 月 5 日

第六十五論考　　物　　質

　釈迦が、「諸行無常、是生滅法」（景徳傳燈録 1）と説いたとき、またヘラク
レイトスが「万物は流転する」と説いたとき、われわれ人間の表象が物質で構
成されていることを考えたであろうか。

　古代ギリシアに物質を「もうこれ以上に分割できない」、つまりアトムを根
源として考えた人々がいた。この人々は原子論者といわれ、代表的人物として
レウキッポス、デモクリトスという人物が挙げられる。しかしこの人々のいう
原子（アトム）はどの程度の大きさであったかは判らない。われわれが裸眼で
物質を観ることができるという次元での話ではなく、色々な器具を使用して観
なければならない次元での話である。生物学での遺伝子、塩基など分子の次元
での話である。ある特定の物質を構成する諸物質が気温または他の環境の影響
を受けて、違う結果になることがある。影響を受ける物質の量の多少によって
も違う結果になるのである。自然界は交じり合う物質の違いによって違う結果
になるのであるが、また量の違いによっても違う結果になるのである。自然界
は一見単純でもあるが、量の違い、環境の違いからすれば違う結果になるので
あるから、大変複雑でもある。

　真偽のほどは判らないが、精子の栄養状態が子供の性を決定するといわれて
いる。また卵のおかれた温度の差が孵化してくる子供の性を決定するといわれ
ている。ここでいわれていることは分子に対する分子の働きであろう。また菜
食主義は植物を食べるが肉は食べないから、他の生命を殺生することはないと
いうが、生命体と非生命体は眼で観るほど差はない。干からびている物質に水
を与えたら、動き出す生物がいることは誰でも知っている。生命体と非生命体
の差は物質の量の違いである。

　アインシュタインがいうビッグ・バンが正しいならば（アインシュタインの
宇宙論によれば、宇宙は閉じており、宇宙の拡大はいつか止まり、反転して収

縮し、ひと塊となり、またビッグ・バンを繰り返すという。しかし近年の宇宙観は「開いて」おり、宇宙は拡大し続けるという。ビッグ・バンは繰り返さないのである）、この宇宙に存在するすべてのものが同じ物質で構成されており、差は物質の量の差で決まる。道端に咲いている花も、石も、走り回っている犬も、人間と同じ物質で構成されているが、量の違いが違うものを構成しているのである。生き物は葉緑素とミトコンドリアの働きで生きている。このことを可能ならしめているのは物質である。さらに、ある人が事故で手の指を失ったとしよう。指を失った手をレントゲンで撮影すると、失った指の陰がうっすらと映るのである。この指の陰は何でできているのであろうか。やはり物質であると考えざるを得ない。われわれが夢を見たとき、その像を構成するものはなんであろうか。指の陰と同じく物質で構成されていると考えざるを得ない。われわれの脳が作り出す像も物質であると考えざるを得ない。脳を構成する物質よりもさらに小さい物質であることは確かであろう。

　地球の海には水、陸地には大気があって、他との区別を可能にしていると考えられる。同じように宇宙にはAという星とBという星を区別するもの、つまり引力と斥力以外の何かが存在してよい。なぜならば、引力と斥力だけでは宇宙現象を説明するには無理があるからだ。つまり「暗黒物質」といわれるものがあってよい。この視座で最近「暗黒物質」を探査することが物理学者の課題となっている。しかし宇宙に暗黒物質が存在するかどうかは筆者には結論付けることはできない。物理学の結論は一夜にして変わることがある。しかしわれわれが物質によって構成されていることは普遍的であると思う。

平成 27 年 8 月 29 日

第六十六論考　一元論（Monismus）と二元論（Dualismus）

　人間には感性（Sinnlichkeit）と知性（Intellekt, od. Intelligenz）がある。この二者は「協力する」と理解するか、「対立する」と理解するかによって、一元論といわれるか、二元論といわれるのである。もちろん「協力する」とすれば、一元論であり、筆者にはアリストテレスが想起され、「対立する」とすれば、プラトンが想起される。近代の代表的人物としてヘーゲルとカントが想起される。

　一元論者のアリストテレスの哲学を簡単に概観しよう。現象界は質量から形相へと上昇する。この際に目的があり、この目的を達成するには手段が必要である。目的は次の目的を達成するために手段となり、目的は手段と入れ替わることによって、1つの上昇体系を作るのである。最後には純粋形相を、つまり神の世界を目的として上昇するのである。

　アリストテレスの師プラトンは二元論者であった。プラトンによれば、神デミウルゴスが創った世界はこの現象界と叡智界で、叡智界はイデア界といわれる。われわれ人間は知的でもあるが、知的であるからイデア界をも覗くことができるが、われわれ人間が関与できるわけではない。しかしその世界を求めて努力はできる。残念ながらわれわれは住むことはできない。われわれ人間の住む世界は現象の世界である。

　ヘーゲルの哲学は弁証法と表現される。正一反一合という形で歴史において上昇する（aufheben）というのである。我々人間も歴史の中に包摂され、理想的世界を達成するように神の意図に包摂されているのである。ヘーゲルにおいては感性と知性は上昇するということで協力するのである。

　カントは神がわれわれ人間をも含めて世界を創造したとはいわないが、われわれ人間が理性もしくは知性が叡智界を想定し、その叡智界を実現するように

第六十六論考　一元論（Monismus）と二元論（Dualismus）　*189*

われわれ人間が努力すべきであるとする。その考え方を表現しているのが「定言的命法」である。カントでは感性は知性の下僕なのである。よくいわれることだが、カントは感性の価値を下げたといわれる。

　以上4人の哲学をごく簡単に概観したが、われわれは日常一元論の立場に立つのでもなく、また二元論の立場に立つものでもない。時には一元論に、また時には二元論の立場に立つのである。しばしば両方の立場で判断しているのである。哲学的視点で判断しているのではない。

　時間という概念を考察してみよう。カントによれば、時間とはわれわれの認識能力の一つ、つまり「直観の形式」とした。しかしこれが客観的に実在するかどうかは疑問である。なぜならば、感覚の対象とはならない物質が存在するからである。時間は感性の形式ではなく、われわれが作り出した知的形式である。つまり仮定の形式である。時間はわれわれが運動を基として表出した任意の概念である。時間を「直観の形式」としたのはカントのいう認識論を可能ならしめるための1つの仮定である。

　ヘーゲルは運動を人間の歴史観として捉え、時間を歴史として、つまり人間が成長するものであるという視座で捉えた。成長は上昇するか、下降するかは速断できない。方向の無い運動として捉えることもできる。人間は歴史の中では進歩か退歩かである。直接的ではないが、人間が魚類から進化したと考えられているから、魚類への退化は考えられない。ヘーゲルが考えたように、人間はさらに進化の方向をとると考えられる。大脳皮質は脳幹から進化してきた。だとすると大脳皮質はさらに進化するであろう。

　われわれは日常時間をわれわれの外に存在する実在物であるかのように行為するが、実際には時間はわれわれの任意による想像物である。それでいてわれわれの生活を統制するのである。この時間概念とよく似た概念が神である。われわれ人間はよく間違いを犯す。したがって不完全である。デカルトがいったように、われわれは完全な神を想定し、その神に最終的責任を押し付けるのである。神の数は人間の数と同じであるといっては言い過ぎになるが、民族と種族があるのと同じぐらいの数はある。人間は身勝手な動物であり、様々に想像するのである。天国の構成員のような行動もするが、地獄の構成員であ

るような行動もするのである。しかしヘーゲルがいうように、人類の歴史を振り返ってみれば、善の方向へと進んでいるといえるのではないだろうか。人間を信じれば救われるような気がする。「信じる」とは人間の癖である。癖は捨てることはできない本性である。人間にはいろいろな癖があるが、癖は人間をして人間たらしめるものである。このように言えば、大げさであるが、「言う」こと、「書く」ことが素朴であるが、たとえ結果的に虚偽になるとしても、「信じる」ことが前提となって可能なのである。無条件に「信じている」からこそ「言う」ことも「書く」ことが可能なのである。自分を信じることが前提になっていなければ、言うことも書くことも、また他人と話すこともできないのである。

平成 27 年 9 月 10 日

第六十七論考　　戦争なき平和

　平成 27 年の夏、日本は大きな歴史的変化を目前にしている。つまり憲法の拡大解釈を巡っての騒動である。法案に反対する人々は、「日本は平和を捨て、戦争に向うことになる」という。筆者には理解できない。カントはもし戦争をしたくないなら、戦争の原因となるものをすべて放棄すべきであるという。確かにカントの言う通りである。つまり日本の状況でいえば、まず自衛隊を否定し、自衛隊が存在根拠とする武器を放棄することである。しかし法案に反対する人々の間から自衛隊を拒否する声が聞こえない。また拡大解釈することへ批判的なマスコミからも自衛隊の存続を否定するような声が聞こえてこない。憲法の条項を一読すれば、自衛隊は明らかに憲法違反である。与党ばかりではなく、野党も言葉を弄んできたのである。ドイツ語で Wortspiel という。

　もし戦争なき平和を望むなら、カントの言う通り戦争を惹起するであろう一切のものを放棄すべきである。もっと極端な言い方をするならば、自分の子供が自衛隊に入隊したいといったら、その子供を殺すべきである。親が自分の子供を意見が違うということで殺すことができるのであろうか。戦争のない平和を望むのであれば、それぐらいの強い意志が必要である。人間は知性だけで生きているのであれば、カントのいうことは妥当であろう。しかし人間には感情がある。この感情は脳の中心にその根を置き、人間の存在をコントロールしているのである。知性で感情をコントロールできるだろうか。自分の子供を戦争で殺したくないから戦争を拒否するというのでは感情を超克できない。人間は知性よりも感情の強弱で生きている。日本人は感情的で、ヨーロッパ人は理性的であるとよく言われるがこの意見は皮相的である。ヨーロッパも同じ人間であるから決してそのようなことはない。彼らも感情を非常に大事にする。

　本当に戦争を拒否するというのであれば、孔子のいう罪を犯した親をかばうのではなく断罪する覚悟、また孔明の如く「泣いて馬謖を切る」くらいの覚

悟の強い意志が必要である。戦争は見ているだけでは拒否できない。戦争は終わってから「あのとき反対しておけばよかった」というのでは戦争の拒否にはならない。歴史は個人の意向を無視して進むのである。ある意味では個人の意向は大海の前の砂粒みたいなものである。人間はある意味では単純な生き物である。有史以来戦争は絶えたことはない。ギリシア人は戦争を中断するためにスポーツ大会を開き競い合った。スポーツ大会でさえ戦いであった。人間は別の意味で複雑な生き物である。争いはどんな形であっても遺恨を残すのである。議論であっても遺恨を残すのである。人間は単純な側面と、複雑な側面と二面を持つのである。一面だけでは速断できないのである。

　ルソーによれば、為政者が戦争を引き起こしたのであるが、しかしこの意見はルソー以降にも妥当するかどうかは断言できない。またガンジーの無抵抗主義でも戦争は終わらなかった。人間の歴史を顧みれば、平和を唱えて戦争をしてきた。つまり戦争をして、戦争の無い社会を夢みてきた。筆者はその由来が人間の知性と感情の分裂にあると思っている。いや分裂ではなく、脳の構造、人間の進化の過程にあると思っている。いやもっと簡単に言えば、好き嫌いの感情にあると思っている。好き嫌いの感情を超克できるならば、戦争なき平和も可能であると思う。人間は矛盾した存在者である。知性で感情を否定することは難しいが、絶対できないということではない。核拡散防止運動は比較的広く支持されているといってよい。この運動がより拡大され、世界の人々から支持されるようになり、もし戦争を導くようなものが取り除かれるようなことになれば、平和は可能である。知性で戦争の無い地球を望むことができる。感情のない無愛想な地球となるであろうが、新皮質が、旧皮質を支配できるようになれば、知性に、理性に希望を持つことができるようになるであろう（第七十三論考を参照）。

平成 27 年 9 月 23 日

第六十八論考　普　　遍

　哲学史において普遍論争という事件が中世にあった。普遍とは、時間と空間を越えて変わらないことを意味する。つまり人間、老若男女にかかわらず、また人種にかかわらず、すべての人に妥当するものを「普遍的である」という。ほんとうにそのようなものは存在するだろうか。まず現象界には存在しない。現象界にないということはわれわれの頭の中に存在するということでことであろうか。従来は幾何学に普遍があると考えられていた。例えば、ある正方形の半分の面積の正方形が次のようにすればできるし、誰にでも理解できる。

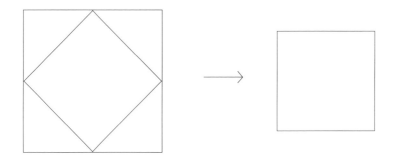

　しかし、現実はそれほど簡単ではない。われわれの肉体は常に変化する現象界にあって、頭だけは現象界にないということであろうか。いや頭で考えたものは現象に束縛されないということであろうか。もしそれが正しいとすれば、人間の頭は物質とは何の関係もないことになる。つまり頭だけは物質ではないということになる。さすがにこれは否定されよう。頭が考えたものが普遍であるということだろうか。頭を構成するものは物質であるが、頭の作用による結果は「非物質的」であるということになる。物質的である頭、つまり脳が働いた結果の対象は非物質的であることを証明しなければならない。

194 一筆啓上 つれづれなる論叢

結果としての像、例えば夢に顕現する像は物質ではないとすれば、いったいなんであろうか。像を構成するものは物質の作用かもしれないが、やはりより微小の物質であろう。われわれ人間の裸眼に観える大きさではなく、マイクロメートル次元の大きさである。つまりイオン（微粒子）の次元での話である。なぜならば、ATP も ADP も観ることのできない物質であるからだ。頭の中の像は微粒子という次元での物質で構成されるのである。光子には重量がないといわれるが、日光のもとで変化する物質はたくさんあることは誰でも知っている。この変化は光子に重量があるからこそ可能なのである。もしそうでないとすれば、変化の根拠を示さなければならない。現象界の変化は物質の変化である。より厳密に言えば、手の運動も首の運動も瞬きも ATP と ADP との作用の結果である。筆者には光子の大きさや重さを確定することはできない。しかし筆者の能力とは関係なく、想像された像を構成するものは物質であり、物質であるから大きさと量を持っているはずである。もしそうでなければ頭のなかで像が成立しないはずである。微粒子について次に問題になることは、それが時間という次元からいえば、1.「微粒子で構成された像がどれぐらい持続するのか」という問いが解決されなければならない。また 2.「言葉との関係はどんな関係なのか」という問いが解決されなければならない。

あるひとつの固体がいろいろな部分から成り立っているのが普通である。例えば、私という固体は様々な臓器から構成され、約 60 兆という細胞から構成されている。1839 年にテオドール・シュヴァン（Theodor Schwann）によって細胞説が提起され今日に到っている。ある 1 つの細胞が数十万のミトコンドリアを包含することがある。そのミトコンドリアの中のクレブス（別称．トリカルボン酸）回路で、ATP と ADP の化学作用カスケイドを起こし、われわれの活動を可能にするエネルギーを作り出すのである。1 つのミトコンドリアは数十万の分子、つまりイオンから成り立っている。1 つ細胞の寿命（筆者には時間的長さを確定することはできない）は臓器によって違う。もちろん、分子の寿命もまた違う。つまり分子も細胞も常に入れ替わることによってホメオスタシスを保っているのである。分子またはイオンは電化されている。電荷されて初めて物質となる。物質を構成する最初のものは電化されていないもの

で、事情に応じて陽になったり、陰になったりするものが存在すると考えられなければならない。つまり生物界において環境に応じて、雌から雄に変態するものがあるように、物質の世界にも存在すると考えられる。そのようなものの寿命の長さは 1,000 分の 1 秒とか、10,000 分の 1 秒位であろう。

　次に普遍と言葉との関係が解決されなければならない。

　普遍がわれわれの外に存在しないとすれば、われわれの内に存在するのであろうか。「考える」ことを可能ならしめるものが普遍的ではないとすれば、「考えられたもの」が普遍であろうか。考えるためには手段が必要である。つまり言葉とか、記号とかメルクマールが必要である。しかし言葉は脳の 2 つの言語野、ブローカ野とヴェルニケ野との弓状束を介しての相互作用が必要である。脳の障害が相互作用を不可能にする。記号もメルクマールも同じく普遍的ではない。したがって脳にも普遍は存在しないのである。普遍は感覚が錯覚するのと同じく脳の錯覚である。われわれが現象界の内に存在するのであるから、考えられたものも含めて普遍は存在しないのである。普遍とは神を普遍と看做した人々の錯覚であったということができる。

平成 28 年 1 月 10 日

第六十九論考　政治形態

　今日（平成28年1月29日）、ある政治家が収賄を行い、そのことが暴露されて辞任したことでマスコミが大騒ぎをしている。この機会を利用して、政治について筆者の意見を述べておこうと思う。

　民主主義は古代ギリシアで発祥した。政治は人間の意思で行うものであり、神の意思で行うものではない。もちろんこのような考え方は近代の無神論者のいうことであるかもしれない。人間の歴史は宗教の歴史であったということができる。哲学において本当の無神論者はサルトルだけであったといわれている。しかし筆者はこの意見はヨーロッパ人の言い分であって、他の地域の人々には妥当しないと思う。多神教の世界では神々は一方では協力し、他方では戦うのであるが、相手を殺すことはない。一神教の世界では一神しか存在してはならないのである。すべてはその神のために存在するのである。存在しなければならないのである。人間のすることはすべてその神のために存在するのであるから、政治も当然その神のためのものである。現在という時代であっても神のための政治を口にする人はいる。神のために政治を行う政治家は東アジアには少ないと思うが、しかし人民のために政治を行っていると断言できる政治家がいるだろうか。人の言い分は勝手であるが、中国や北朝鮮の政治家に「あなたは国民のために政治を行っている」ということができるだろうか。

　ペルシアといえば、一般の日本人はアリババとか、ペルシア絨毯とか、『千夜一夜物語』などを想起するであろう。また政治的にはアケメネス朝、サーサーン朝、ペルシア戦争といった術語を想起する人もいるであろう。

　現在では地理的にはアラブ人とペルシア人（現在ではイラン人といわれる。ゲルマン人と同じくアリア系の一種族であるといわれている）とを区別することは難しい。イラクの中にイラン人いるからである。イランすなわちペルシア人はコーカサス山脈を越えて南下し、一部の人々はザクロス山脈（東側はイ

ラン高原で、ペルセポリスがあった。西側はメソポタミアで現在はイラクである）を越えてメソポタミアに来た。現在のイラクは7世紀にアラブ人のイスラム教の拡大政策に基づいて入って来た人々である。現在のイラクにはシーア派の人々とスンナ派の人々がいる。ペルシア戦争という術語はギリシアから見た術語であり、この戦争はギリシアとアケメネス朝との戦いで、アケメネス朝（紀元前550-330）がギリシアの植民地のイオニア（現在のトルコのアナトリア半島の西の端にあった）を攻めたのが戦争の発端であった。ギリシアではアテナイやスパルタの大きな都市国家、また小さい都市国家がデロス同盟をつくり抵抗した。ギリシアが戦争に勝ったのであるが、背景にはペリクレスの功績があった。ペリクレスは民主主義の申し子であった。彼は言葉巧みにデロス同盟を作り、ギリシアを合従連衡させ、アケメネス朝に対抗し、勝利を治めたのである。ここまではペリクレスは賞賛されてよい。勝利後のペリクレスは蓄え金をすべてアテナイのために使用した。それが原因となりスパルタと戦争となった。その戦争はペロポネソス戦争といわれ、アテナイの敗戦となり、以後アテナイはギリシアの政治的表舞台から姿を消すのである。ペリクレスの時代はアテナイは最も華やかな時代であった。ペリクレスは同盟の金をばら撒き、口巧みに民主主義を行ったのである。プラトンは激しく民主主義を否定した。民主主義は愚民の政治形態であるとした。プラトンの指摘は現在でも妥当する。ヒットラーにも、ローズベルト（Roosevelt）にも当てはまる。彼らは言葉巧みに民衆を操作したのである。民衆は自尊心を褒められかつ民族心を讃えられると容易に扇動されることは歴史が示している。扇動された民衆を制御することは不可能である。そのような流れの歴史を止めることはできないのである。終わった後に「反対すればよかった」というのである。これが現在を見ることのできない人である。現在を見るということは簡単な事ではない。過去のこと、また人間の習性や本性等を熟知しておく必要がある。孔子がいうように「一を聞いて十を知る」能力があればよいのであるが、普通はない。人間は、意識が働くならば死ぬまで知識欲が必要であろう。

　民主主義という政治形態は、国民にどのような動機があっても主体的であるならば、積極的に政治に参加できるという長所がある。現在の世界の政治形態

を観察してみると、自由主義国で先進国と呼ばれる国々では選挙が行われ、理想的とはいえないとしても、政治が行われていると言ってよい。大多数の国では選挙さえ行われないのである。イスラム教は7世紀にムハンマドがメッカからメディナへ遷都（ヒジュラ）してから拡大政策を行い、世界中に広まった。イスラム教を国教とする国々では経験のある長老が支配するのである。経験とは個人的なもので、普遍的でありえない。「普遍的」という術語は大げさであるが、せめていくつかの集団に妥当するものであればよいのであるが、経験という言葉にはそれがないのである。イスラム教を信じる国々に女性の解放は考えられえないのである。ただトルコだけは例外である。アラブ以外の国々では女性の解放も考えられるので期待することにしよう。また世界には中国のような一党独裁という国もあれば、王家が独裁する国もあり、個人が独裁する国もたくさんある。現在世界では独裁国が多数を占めている。世界中の政治形態を見てみると、総体的には民主主義という政治形態が、決して理想的ではないが、政治形態による害が一番少ないようである。確かにプラトンのいう哲学者による政治は理想であるが、プラトンは人間の感情を、つまり欲望を無視している。人間は知・情・意という三者の総合物である。三者が揃って人間なのである。政治は人間の産物である。神のためのものではなく、人間のためのものである。

平成28年1月30日

第七十論考　　知を愛する

　「知を愛する」とはいかなることであろうか。70年生きてもよく判らない。ゲーテは努力すればするほど「まよう」といった。若いときは「それはない」と思ったのであるが、最近実感として迫ってくる。自然界は一瞬たりとも留まらない。彷徨い続けることを考えてみればよい。つまり筆者も自然の一部ならば、「迷う」ことは当然である。したがって嘆くことはない。2017年の5月4日で70歳、哲学を続けるべきか、または何か新しいことを始めるべきか決断がつかないのである。

　より具体的に言う事にしよう。女房は要介護5で、自分の体をほとんど動かすことはできない。流動食を飲み込むだけだ。もしこれができなくなれば、残すところはイロウだけである。20歳前後で膠原病を患い、40歳まで生きたら、60歳までは生きるだろうといわれた。現在68歳を過ぎ69歳を目前にしている。10年位前ピック病を患い、その結果認知症となり、現在は全身硬直化しており、ほとんど手足を動かすことができなくなっている。また長男は13歳で統合失調症となり43歳の現在に到っている。このままでは生まれた痕跡を残すことなく消えていくであろう。このような状況の中で筆者は今後自分を生かすことができるのであろうか。最近人は努力しなくても迷うのではないかと思うのである。納得するまでの思慮分別が必要である。

　以上が筆者の内患に関することであるが、知を求めることに関しては外患もある。外患は筆者だけに関係することだけではなく、すべての人に関わることでもある。または私にはまったく関係がないという人もいるかもしれない。知を求めるにはお金が必要である。ある哲学者にある人が、「あなたは哲学者だからお金が必要ないでしょう」といったら、「哲学者だからこそ稼げるとき稼がないといけない」と応えたという。ソクラテスやプラトンやアリストテレスであったならば、稼ぐ必要がなかったであろうが、現代では人は誰でも稼いで

税金を払わなければならない。例えば、日本では年金をもらうためには若いときから、掛け金を払わなければならない。世界中の国々は、特にソビエトが崩壊してからは、アメリカの拝金主義を旨とする資本主義が行き場を失い、拝金主義が一段と拍車をかけている。さらに社会資本主義という名を掲げて中国が加わった。中国には人数の多い家庭は豊かであるという考え方が古くからあった。13億人の中国人が経済競争に加わり、さらには後進国と中進国の政府は人口増加と共に経済活動に目覚め、世界中が一段と厳しい拝金主義となっている。特に後進国と呼ばれる国々が豊かになるか、または一段と貧困になるかの瀬戸際に在るといってよい。世界の人々はお金を求めて、それに鼓舞されるかのように、知を求める研究者も右往左往しているのが現状である。このような歴史は変わるであろうか。歴史の流れは世界中を包含するような事件が顕現しないと変えることができないのであるが、希望を持てるだろうか。

　以上のような内患外憂が存在すると思われる状況の中で、いかにあるべきかを決定することは、清水の舞台から飛び降りる決断が必要である。「知を愛する」とはどういうことであろうか。

　人間の歴史はアフリカに始まることは誰でも知っている。「文明」が発祥したと言われる地は世界でいくつかは挙げられる。しかし文化はどこで始まったかといわれると多くの人は答えにつまるであろう。文明と文化は「違う」という人もいれば、「同じだ」という人もいる。人類がアフリカで発祥し、移動した時はすでに地球のパンゲア（Pangea）は地殻変動を経て、大陸ができたといわれている。約2億年前のことであった。数千万年経て、ストラマトライト（stromatolite）が現れ、酸素がつくられ、また数千万年経て人間が現れ、移動したときは道具を使用していた。つまり道具の使用は文明の始まりであったと言うことができる。数百万年経て文化（つまり文章化したこと、記号化したこと、創造したこと、感じたことを客観化し、他人に伝達し、理解してもらい共通の認識が成立することと筆者は定義する。しかし留意しなければならないことがある。文化化するのが人間であり、その人の意向が無意識のうちに反映する場合があるということである。「ゼノンのパラドクス」などが例として挙げられる）が生じた。筆者の知る限りではハンムラビの法典（紀元前18世紀）

であると思う。確かに中国にも甲骨文字があったが、文章化されていたかどう
かは筆者には不明である。中国文化はメソポタミアの影響を抜きにしては考え
られないからである。

　人間は脳の変化に応じて知を求め、衣食住を求めて移動し、環境が変化す
れば、さらに脳は変化し、脳の変化はさらに環境の変化を望むというように上
昇したことであろう。文化が生まれたのは、紀元前2千年頃と考えた方が良い
ようである（このことに関しては色々な意見はあると思う）。人間の求める知
は最初自然を知ることであったと思う。ソクラテスから知の対象は人間自身に
変わったことはよく知られている。19・20世紀の知識の進化はそれまでの世
紀と比較してみると、筆舌できないほどの違いがあった。もちろん現在も続い
ている。知の拡大は人間の内外に及んでいる。今はそれに加えて拝金主義とい
う厄介なしろものを伴っているのである。拝金主義の背景には人間が生きるた
めにはお金が必要だという個人主義がある。つまり国家は集団ではあるが必ず
しも個人を十分に助けてくれない。自分に責任を持つためには自分で責任を取
らなければならないのである。お金なしでは研究はできないのである。このよ
うな状況では知は拝金主義と切り離すことはできない。大学が創設されたころ
は知は社会のためという使命があった。それは13世紀のころのことであった。
いまは21世紀である。大学の使命も変わった。特に日本ではアメリカに追随
し、産学が一体になりつつある。この現象は世界を支配している。この現象は
25世紀へと、また30世紀へと続くのであろうか。知は細分化され、拝金主義
は先鋭化し、それぞれが激しく対立するようになるのではないだろうか。お金
と知は人間に和を齎すのではなく、争いを齎すことにはならないだろうか。知
を求める者はお金を求めなくとも生きていくことができるような社会であれば
と思う。筆者の予想がはずれることを願う。知を求めることは拝金主義と元来
結びつかないのであるから、知を自分のため、社会のために求めるものである
から、現在の状態がおかしいのである。竹林の7賢人のように、知を求める人
間が1人でも増えてほしいものである。

平成28年2月7日

第七十一論考　　形而上学

　現象界に存在するものはすべて形がある。形のないものを探求する学問を形而上学という（アリストテレスの著作には書名がつけられず、ただ判然としていた著作類を後世の研究者たちが整理するために表題をつけた。自然を考察してある部分の後に来る部分に「メタ・フィズィーク」と呼んだといわれている。中国の「五経」の中の1つ『易経』に「形而上者、謂之道」という箇所があり、明治時代の先人たちがこの箇所から「形而上学」という術語を創り出したものと思う）。脳の身体に対する優位を唱えたのはヒポクラテスであった。ヒポクラテスは紀元前4世紀の医者であった。脳医学史という観点から見るならば、ヒポクラテスから約2,200年経て、つまり19世紀になって「見える」ということが変わった。脳が研究対象となることによって、現象界の定義は変わった。われわれ人間に見えない世界も現象界となった。つまり原子・分子の世界が研究の対象となったのである。眼には見えないが（儒教の研究者には思いもよらなかったのであろう。中国で自然科学が十分に発達しなかった理由は、見えないものを観察しようとしなかった。いや価値を置かなかったのではないだろうか）、「信じて」探求することが研究者に要求されるようになってから数世紀の時間が経っている。眼に見えないものを信じて探求しても、結局探求できなかったものもあったし、今後もあるであろう。特に倫理的なものは、定義づけが必要であった。例えば、プラトンは「それ自体」ということを求め、求めることができなかったときは定義づけをした。しかしその定義づけにも失敗したことがある。例えば、著作『国家』における徳という抽象概念が想起される。徳というような抽象概念は、集団の慣習や社会の構成員やまた風土や宗教によって異なるから、定義づけは難しいのである。

　ある生き物が原人といわれるようになったのは、約600万年前であるといわれ、さらには新人類といわれるようになったのは20（新説では30）万年前

といわれている。人間はいつから自分で想像し、構成した概念を信じるようになったのであろうか。抽象概念ばかりではなく、時間という概念も、空間という概念も同じで、存在しないにもかかわらず、存在すると看做しているのである。人間は間違いや誤謬をおかすゆえに、自分は完全でないことを知り、完全者を想像し、自分の外に存在するかのように構成し、創造するのである。人間は１人ひとり自分の完全者を創造し、存在するがごとく想像し、それを信ずるのである。その意味で人間はこの地上で最高の生き物であろう。悟性・理性を持つがゆえに最高の存在者だと自負するのである。

　アリストテレスによれば、現象界は形式と内容から成り立ち、内容が形式へと上昇し、その形式は次の形式へのための内容となり、上を目的として上昇し、最後には「純粋形相」を目指して上昇するというのであるから、最後は神であるといってもさしつかえはないであろう。言い換えれば、上昇するように統制されているのである。このように想像したものを存在すると、つまり頭で考えたものが実在すると看做すことのできる生き物は人間だけであろう。この意味で人間はこの地上で最もすばらしい生き物であろう。しかし考えたものが実在すると看做すことは両刃であったことは歴史が示している。

　宗教的には「神」がわれわれ人間にとって「信じる」ための存在であって、優位にあるように思われるが、しかし実際はわれわれ人間が「信じる」からこそ、「神」は存在するのである。信じなければ、神は存在しない。ユダヤ教・キリスト教・イスラム教の歴史を考えてみれば、容易に理解される。カントは神・霊魂・自由は形而上学の対象であると言うが、カントは探求する前に３つの概念が実在すると前提して（つまり信じて）いたのである。カントの認識論では３つの概念ばかりではなく、他にも認識されないものがあり、一見すると謙虚なカントが、つまり不可知論者としてのカントが想起されるが、カントは認識されないが、信仰に余地があるとした。つまりカント自身は宗教を理性で論じたが、感情で成り立つ余地を残したのである。つまり宗教を否定しなかったのである。

　カントは若い時代は宗教を論じることが無かったため、宗教に関心が無かったごとく論じる研究者がいるが、筆者は家庭環境から考えてそれはないと看做

している。母親は敬虔なキリスト教徒であったからである。カントの時代には原子・分子ということはなかった。また脳に関する知識があったとは考えられない。カントはアリストテレスの哲学を経験的であるとし、自分とは違うとした。確かにガリレオやコペルニクスが活躍する前は教会の支えとした思想はアリストテレスの哲学であった。よく言われることであるが、カントは感性の意義を過小評価した。ヨーロッパにおける宗教戦争の歴史を考えれば、カントが知性を過大評価したことも無理のないことである。知性と感性の相互作用、相互依存、また脳の構造と働きを考えれば、いずれの側が優れているということはないのである。しかしわれわれ人間の認識に占める視覚の度合いを考えるならば、感性を大事にするべきかもしれない。いずれにせよ時代の流れが決定するであろう。

平成 28 年 7 月 16 日

第七十二論考　　ゼノンの弓矢とカントの神

　ゼノンは古代ギリシア（B. C. 490 ～ 430 頃）の哲学者で、パルメニデスを師とした。ゼノンといえば、哲学史的には、中世の「普遍論争」と同様に、「ゼノンのパラドックス」としてよく知られている。「ゼノンのパラドックス」といわれるものはいくつかあるが、ここでは「飛ぶ矢は的に届かない」というパラドックスを考えてみよう。Aという地点で放たれた矢は的に届くには中点を通らなければならない。次にまた残った距離の半分を通らなければならない。同じように残った距離の半分を経なければならないと想定すれば（論理を展開すれば）、矢は的に届くことはできない。しかしだれでも矢は的に届くことは知っている。ゼノンは師パルメニデスの主張「実在は感覚あるいは経験を超えた不生不滅、不変不動である」という主張を弁護したといわれている。しかし現実はヘラクレイトスが言ったように、現象はわれわれの中も外も一瞬とて留まることはない。原子・分子はそのことを教えている。

　われわれの認識は脳を介して成就されることは誰でも知っている。脳の働きの意義を最初に主張したのがヒポクラテス（B. C. 460 ～ 370 頃）であった。約 2,000 年後になって脳の研究が行われるようになった。しかし 21 世紀になった今なお脳は十分に解明されていない。例えば、後頭葉の第一次視覚野に作られた像が完全ではなく、さらにそこから情報が前頭葉および側頭葉の数か所に送られてはっきりした像が完成するのであるが、そのときの構造と働きはまだ解明されていない。また言語野のブローカ野とヴェルニケ野は弓状束でつながって情報交換していることは知られているが、確かなことは判っていない。また話すことと聞くことは切り離すことはできない。言語野と聴覚野とが並列しているが、その関係が判っていない。脳の完全な解明にはまだしばらく時間がかかると思う。脳を構成する物資の原子・分子の構造と機能の働きが解明がされなければならないと思う。

弓の矢は的に届くことは誰でも知っている。カントは『純粋理性批判』で神の存在証明はできないとした。ではカントは神の存在を証明できないから、神は存在しないとして、無神論の立場に立ったのであろうか。ヨーロッパにはサルトルを除いて無神論者はいないといわれる。確かにカントは「自分は無神論者である」といった箇所があるとは考えられないし、聞いたこともない。カントは理性では神を否定し、情では神を肯定している。カントなぜ分裂したのであろうか。なぜ分裂しなければならなかったのであろうか。

　ある日本の有名なカント研究者が「カントは若いとき神を議論するほどのクリスチャンではなかった」と述べたのを聞いたことがあった。確かに『純粋理性批判』を出版したときは58歳であったと思う。しかも神の存在を否定していたので当然の理解である。しかしこの理解は皮相的な理解である。カントが生まれる前の「三十年戦争」（1618〜1648）のことを考えると、カントが生まれたとき（1724）はまだ、宗教的混乱は当然あったであろう。ドイツ人にとって第二次世界大戦も大変であったであろうが、「三十年戦争」は当時のドイツにとって人口の3分の1を失い、国土の疲弊は筆舌しがたいほどのものであったといわれている。ドイツはほぼ30年間主たる戦場となったのである。国土の荒廃は想像を絶するものであったといわれている。カントは戦後80年経て生まれたので宗教的混乱は当然あったであろうし、母親が新教の敬虔主義（Pietismus）派の信者であった。宗教上の独断は当然であり、戦争とならなくても、その手前の争いも当然であり、中世ドイツの魔女裁判はヨーロッパで最もひどいものであったことを考えれば、旧教と新教の争いはカントの時代もあったと思う。それぞれの立場で神は存在するといってもそれは理性でいうのではないから、カントは理性で神を証明できないとして妥協策を考えたのではないだろうか。それぞれのいう神は自分の信仰する神であり、他人が信仰する神とは違う。カントは人々の共存、つまり宗派の共存を求めたのではないだろうか。

　ユダヤ教、キリスト教、イスラム教の関係を、いずれの宗派に属さない筆者が考えてみれば、カントが宗教を情の問題としたことに意義はあるが、カントの時代とは異なり、現代では情はナショナリズムと結合し、例えば、最近の

第七十二論考　ゼノンの弓矢とカントの神　*207*

IS が過激であると言われるが、ムハンマドが遷都（ヒジュラという、622 年メッカからメディナへの移住）した以降におけるムスリムの拡大策を省みれば、現在の IS の行動はそれほどのものではない、より複雑になっている。ゼノンは師パルメニデスを弁護する立場にあったし、カントは宗教的寛容という立場にあったが、両者は理性と感覚と区別し、相互作用させなかった。ゼノンは論理だけを展開させ、矢が的に届くことを無視した。カントは神の存在を論理で否定し、大きな宗派の独断を否定し、拡大化を否定し、個人の情を尊重し、つまり個人の信仰の自由を確保し、さらには小さな宗派の存続を意図したのである。しかし理性と感性の両者は独立し、それぞれ独自に働くものではなく、相互作用しあい、上昇すると看做すならば、脳の局在論と矛盾しない。理性と感性がそれぞれ独立したものであるとすれば、脳の局在論と矛盾する。カントでは理性が成長することによって人間が成長するのであるが、しかし実際は感性が感作（先鋭化）することによって理性もより深化する。いや成長するのである。よく言われることだが、カントは感性の価値を下げた。カントは当時の宗教的混乱と母の信仰を守るために理性を重要視せざるを得なかったであろう。この立場は『宗教論』にも『永久平和論』にも保持されている。カントは脳の構造と機能を無視した。いやカントの時代には脳の研究はほとんどされていなかったのでカントを責めることはできない。カントは無条件に理性を信じていたのである。

平成 28 年 8 月 30 日

第七十三論考　　平　　和

　歴史上「世界に平和を」と叫ぶだけで平和になったことはない。また古代ギリシアのアテナイで戦争を中断するため、紀元前776年にアテナイオリンピック競技大会が開催されたという。人間にとって戦争は常態で、平和は異常な状態であった。21世紀になった今でも同じである。世界は戦争で溢れている。平和は望めるか。

　人間ばかりではなく、生命体はすべて生命を維持するために、食べ物を求めて徘徊してきたし、また将来も徘徊するであろう。他の生命体に遭遇すれば戦うか、遁走するかであり、弱肉強食なのである。人間は他の生命体とはちょっと異なり、直接的でないとしても大きく異なるものでもない。

　一番新しい学説によれば、人間は発祥してから600万年経つといわれる。もちろん、サルから進化したことは事実であろう。脳の進化は、下から上へ、つまり脳幹から新皮質へと上昇したといわれる。この説は市井の人々の言う「人間は知・情・意で構成される」という説に当てはまる。知・情、意という分類は脳の下部、中心部、上部という分け方に一致する。前頭前野は喜怒哀楽を支配するだけではなく、同時に知的領域も支配するといわれている。換言すればブロードマンの脳局在論でもヌース（理性）といわれる部分だけを取り出すことは不可能である。だいたい前頭前野で思惟作用が行われているとしかいえないのである。脳は1つの対象にいくつかの部分が相互作用することによって認識し対応する。例えば、視覚には24か所以上の部分が関わるといわれている。脳神経と呼ばれる神経は12本あり、対になっており左右は24本あり、4本はつまり舌咽神経と迷走神経は内臓（内感）に関係し、他の20本は外的対象に関わっている。餌を求め、生命を維持するという生命体の本質からして戦うことは自然である。このような生命体が「平和」を求めることは、奇異な行動である。

第七十三論考　平　　　和　*209*

　筆者が哲学を研究して約45年が過ぎている。「平和」を考察することを避
けてきた。理由は先でも述べたが、人間は平和を求めて戦争するからである。
筆者には「眼には眼を、歯には歯を」（紀元前18世紀、ハンムラビの法典）と
か、タリオ（古いトルコの法律で、加害者は被害者と同等の処罰を受けるべき
だという法律）が想起される。筆者は戦争の原因は人間には知性的部分と感性
的部分があって、特に感性的には好き嫌いという感情があるからだと思う。欧
米人は理性的であって、日本人は感情的であるという俗説がある。ただ約2,000
年に及んで感性を大事にする中国文化の影響を受けたのであるから、感性的で
あるといわれることも当然であろう。戦争の大きな理由はナショナリズムで
あったし、これからもナショナリズムが原因となって軋轢は生じるであろう。
もちろん、それだけではない。理性は一面的であるが、感情は好き嫌いという
二面性を持ち、その二面性的な感情が理性に働きかけ、理性が多面的となる。
理性は感情に支配され、戦争は悪いことであると知っていて、理性が戦争をす
るのである。その原因としてもちろんナショナリズムもあるが、経済的要因も
あり、宗教的要因があり、国境問題があり、その他様々の原因が考えられる。
かつてルソーは為政者が戦争を引き起こすと言ったが、現在ではそれだけでは
ないようである。為政者は偶発的に戦争が勃発しないように色々と策を練って
いるようである。

　現象界には自由はない。何らかの制約を受ける。また平等もない。人が100
人いれば、100人の序列が必ずできる。人間は生まれたときからさまざまの制
約を受ける。しかし人間は時間概念のような概念を創造し、それを規範として
自分を統制できる生命体である。自由も平等も創造してそれらに従うことがで
きる。カントはそのようなものを統制的理念と呼んだ。キリスト教徒のカント
の思想を取り入れ、無神論者の筆者が自分の思想であるがごとくいうのには抵
抗がある。無神論者が「人権」という理念を口にするのと同じであると思える
のである。神が人権を保証するのであるから成り立つのである。プラトンが
『国家』の中で、動物は人間と同じように自由であると勘違いをすると述べて
いる。信じられない話であるが、例えば、窓で空を眺めていた猫が自分は鳥で

あると勘違いをして飛ぶという話を聞いたことがあるが眉唾ものである。馬や牛が「人権」を保証することはない。また人間が「人権」を保証できないのである。人間が「人権」を保証すれば、好き嫌いという感情が働き気ままな保証となる。このことは誰でも理解できる。平和を理念として、しかもわれわれの生き方を統制する理念であると看做すならば、「戦争」という術語と、たとえ戦争を眼の前にしていても、矛盾しないことが納得できるであろう。

　「平和」を構成的理念とすることによって、それを実現するための手段の一つ、つまり「平和を実現するために戦争する」という人間の矛盾が解決するわけではない。人間は矛盾という軋轢の中で葛藤しなければならない。この矛盾を解決するためガンジーは、無抵抗主義を称えた。しかしこの無抵抗主義は歴史的に成功しなかった。なぜならば隠された意図による戦争、公然と力による戦争には無抵抗主義はただ犠牲を強要されるだけであるからだ。また為政者は国民に忍耐だけを強いるだけであるからである。そこでの平和は「血を流す」だけの平和にすぎない。したがって、平和は統制的理念とすべきである。

　「平和」を統制的理念とすれば、「平和」を実現するため手段を具体的に講ずる必要が生じ、無抵抗主義とか、核兵器ばかりではなく、通常兵器の放棄ということも生じる。もちろん、一国だけではなく、世界中の国が同時に放棄しなければならないのである。これも現実には幻想である。つまり放棄を確認する方法はないのである。放棄が実現したとすれば、古代ローマの奴隷の剣闘士のような、「力を有する者のみが有利である」というような結論を招くだけである。なにかよい方法はないかと思案すると1つだけ思い浮かんだ。国連が直属の軍隊を持つことである。今の国連軍は直属ではなく、寄せ集めの国連軍である。世界の国々の軍事費の総計はどれぐらいになるかは判らないが、おそらくかなり少ない金額で国連軍を維持できるものと思う。今の国連ではこの考えも幻想である。国連の改革が必要である。人類の滅亡を予期させるものは戦争ばかりではないが、人類は食うことができず死ぬかもしれない。呼吸ができなくなり死ぬかもしれない。地球の環境変化が人類を滅ぼすかもしれない。ただ人類の戦争だけが、自分で手を下すのである。人類の滅亡は避けられないものかもしれない。しかし「平和」を構成的理念であり、同時に統制的理念でもある

とすれば、われわれ人間の方向を定め、目標に向かうことができる。千年後の人類を想像できないのであるが、日常を統制することによって目標に向かう過程が成立する。つまり構成的平和を求める過程が統制的平和であれば、宇宙の事情で地球が消滅するまで生き延びることを期待することができるかもしれない。

平成28年9月5日

あ と が き

　日本の人々は明治という新時代を迎え、中国文化から西洋文化へと鞍替え
をし、それを吸収するために一生懸命になった。領域は多岐に渡った。明治の
45年は志の時代であった。そのエネルギーは現在の日本人の想像を超えてい
たことであろう。

　哲学者はギリシア、フランス、ドイツにおいて為政者に影響を与えたが、為
政者から尊敬を受けるということはほとんどなかった。世界のほとんどの哲学
者は為政者とは距離をとっていた。哲学者は現実という舞台に上がることはほ
とんどなかったし、今後もないであろう。どちらかといえば隠遁生活をしてき
た。理由は現実に捕らわれることなく、自分の好きなことに沈潜してきたので
ある。竹林の賢人のようにあるべきか、さもなければ諸葛亮孔明のようにある
べきか、当事者には悩みであろうが、決断次第であろう。

　筆者はいずれの側にも属することのない凡人である。ただ哲学に関わること
46年の痕跡を残そうとする意思からこの書に至った。一読いただければ甚大
の喜びである。

平成29年　夏

■著者紹介

鳥谷部平四郎 （とりやべ　へいしろう）

専攻　哲学

1946 年　青森県上北郡七戸町に生まれる
1964 年　三本木高等学校卒業
1968 年　獨協大学外国語学部ドイツ語学科卒業
1973 年　学習院大学文学部大学院修士課程（哲学専攻）修了
1977 年　東京教育大学文学部大学院博士課程（哲学専攻）修了
1989 年　姫路獨協大学就任
2011 年　同大学退職

著書
『古代ギリシア思想史』（1992）晃洋書房
『ヨーロッパ　政治思想概説』（2000）大学教育出版
『ある生き方 ― 新しい解釈のないカント理解 ―』（2002）大学教育出版
『古代中国における儒の思想と道の思想』（2006）大学教育出版

翻訳
『カントとシラーにおける構想力』（2002）大学教育出版

一筆啓上 ― つれづれなる論叢 ―

2017 年 12 月 20 日　初版第 1 刷発行

■著　　　者 ── 鳥谷部平四郎
■発 行 者 ── 佐藤　守
■発 行 所 ── 株式会社 **大学教育出版**
　　　　　　　　〒 700-0953　岡山市南区西市 855-4
　　　　　　　　電話（086）244-1268　FAX（086）246-0294
■印刷製本 ── モリモト印刷㈱

© Heishiro Toriyabe 2017, Printed in Japan
検印省略　　落丁・乱丁本はお取り替えいたします。
本書のコピー・スキャン・デジタル化等の無断複製は著作権法上での例外を除き禁じられて
います。本書を代行業者等の第三者に依頼してスキャンやデジタル化することは、たと
え個人や家庭内での利用でも著作権法違反です。

ISBN978 − 4 − 86429 − 476 − 8